신비롭지 않은
여자들

임소연

민음사

난다 누나 보았오

신비롭지 않은
여자들

■ 과학은 적도 신도 아니라 우리 곁의 친구라고 말하는 매력적인 탐구. 이 책은 과학이 절대적이고 객관적이라는 낡은 믿음을 페미니즘과 여성의 눈으로 다시 살핀다. 여성의 몸, 여성의 경험과 함께하는 뒤죽박죽 과학 이야기를 듣다 보면 지금의 벽을 과감히 뛰어넘는 여성과 과학의 만남을 나 역시 꿈꾸게 된다.
— 김초엽(『우리가 빛의 속도로 갈 수 없다면』 저자)

■ 그야말로 참신하고 선구적이다. 우리가 그동안 남성의 입장에서 과학을 했다는 것을 깨닫게 한다. 과학기술의 본질과 사회적 위치를 고찰하는 저자 임소연의 날카로운 통찰력은 다양한 분야의 최근 지식을 친근하면서도 흥미진진하게 전한다. 여성이 참여해 여성의 관점으로 새롭게 만드는 페미니스트 과학기술은 인류의 희망이다. 과학을 잘 모르는 평범한 사람들에게 보내는 초대장에 당신도 고개를 끄덕이게 될 것이다.
— 장하석(『물은 H_2O인가?』 저자)

신비롭지 않은
모두를 위하여

수억 마리 정자는 난자 하나를 목표로 달려간다. 정자는 도중에 산성 물질에 죽거나 대식 세포에 잡아먹히기도 하고 길을 잃기도 한다. 고난의 레이스 끝에 단 하나의 정자만이 난자의 투명대를 뚫고 들어가 승자가 된다. 생명 탄생은 이렇게 수억분의 일의 확률로 정자가 난자와 만났을 때 시작되는 경이로운 과정이다.

지금까지 난자와 정자의 수정 과정은 대체로 이런 식으로 묘사되어 왔다. 정자는 자체적 추진력을 가진 능동적 존재로, 수정 과정은 이 능동적인 정자가 수동적인 난자를 포획하는 과정으로 설명된다. 마치 적극적인 남성이 여성을 쟁취한다는 이야기 같다. 그런데 현실은 이렇다.

거대한 정자 무리가 물결치듯 움직이며 어디론가 흘러간다. 때로는 벽에 부딪히고 때로는 끈끈한 점액 속에 허우적대면서. 무리의 일부가 난자 가까이 다가가 서성대면 난자는 잠시 시간을 두었다가 그중 하나를 끌어당긴다. 생명 탄생은 이렇게 까다로운 난자가 정자를 선택하며 시작되는 경이로운 과정이다.

이것이 바로 지금 과학의 이야기다. 2020년 6월 초 스웨덴 스톡홀름대학 연구진의 연구에 따르면 난자는 정자들이 경쟁해 획득하는 목표물이 아니다.[1] 난자는 화학 신호를 보내 스스로 선택한 정자를 끌어들인다. 정자가 난자의 여포액에 포함된 화학 물질에 반응해 이동하는 수동적 존재라면 난자는 마지막 순간까지 수정에 적합한 정자를 골라내는 능동적 존재다.

지금도 많은 이들에게 익숙할 '경쟁적인 정자

1   Fitzpatrick, J. L. et al., "Chemical signals from eggs facilitate cryptic female choice in humans," *Proceedings of the Royal Society B* Vol. 287 no. 1928(2020).

와 조신한 난자' 이야기는 이미 1970년대부터 과학자의 실험실에서 퇴출되기 시작했다. 실험실 밖 세상은 인간의 두 생식 세포에게 여전히 전통적인 남성과 여성의 이미지를 부여하고 있지만 말이다.

과학은 지금 여성의 곁에 다가와 서성대고 있다. 모르면 모르는 대로 살아가겠지만 과학이 우리의 삶에 연루되어 있다는 사실까지 부인할 수는 없다. 내 전공이나 직업의 영역이 아니더라도, 과학은 내 몸과 이 세계를 설명하는 언어이자 나의 일상을 채우는 무수한 존재들 자체.

과학은 하나가 아니다. 여성의 주변을 서성이는 과학 중에는 여성을 잘 모르는 과학도 있고 여성을 밀어내는 과학도 있다. 하지만 여성의 친구가 될 만한 과학도 분명 존재한다. 여성의 관점에서 이러한 차이를 잘 분별해 내는 것이 중요하다. 그래야 적합한 과학을 잘 선택해서 잘 키울 수 있기 때문이다.

여성의 적이었던 과학

난자와 정자에 대한 지식을 생산하는 생물학은 생물과 인체에 대한 과학이기에 성차별적 인식의 영향을 크게 받으면서 성차별적 구조를 정당화하는 데 이용되었다. 이 때문에 과학 중에서도 특히 생물학에 페미니즘의 비판이 쏠렸다.

생물학은 남녀의 신체적 기능 및 차이에 대한 지식을 생산하며 여성을 차별하는 근거를 강화하는 데 일조했다. 대표적인 사례가 18세기 중반에 나온 골격학이다. 영국 해부학자 존 바클리는 해부학 책에 여성과 타조의 골격, 남성과 말의 골격을 나란히 그려 넣었다. 타조와 나란히 비교된 여성의 골격은 작은 두개골과 넓은 골반이 두드러지게 표현되었는데, 이는 낮은 지능과 출산 기능이라는 여성 신체의 특성을 남성과 대조하기 위해서였다.[2] 이어서 등장한 19세기의 다윈 진화론과 20세기 이후의 유전학·신경 과학은 남녀의 생물학적 차이를 밝히는 일에 골몰했다. 과학이 때로는 은밀하게, 때로는 노골적으로 성차별과 편견을 드러낸 역사다.

여성의 몸은 과학 탐구의 대상에서 아예 배제되기도 했다. 주로 남성과 수컷 동물을 대상으로 진

2   론다 쉬빈저, 조성숙 옮김, 『두뇌는 평등하다』(서해문집, 2007), 7장.

행되는 의약품 개발과 생명 의학 연구는 여성의 몸에 대한 과학의 무관심을 반영하면서 여성의 건강을 실제로 위협한다. 심근경색증, 협심증과 같은 심장 질환은 중년 남성이 걸리는 병으로 알려졌지만, 사망 원인별 사망률로 보자면 60대 이상 여성과 남성 모두에서 심장 질환에 의한 죽음이 암에 이어 두 번째로 꼽힌다.[3] 대다수 진단 기준은 남성을 대상으로 한 임상 시험 결과에 따라 만들어지기에 여성 환자의 전조 증상은 종종 다른 질병의 증후로 오인된다. 정확한 진단을 받는 시점도 치료받는 시점도 늦어질 수밖에 없다.

과학이 여성 과학자를 폄하한 역사는 비교적 잘 알려져 있다. 프랑스의 물리학자 마리 퀴리는 위인전 전집에 빠지지 않고 수록되는 유명한 과학자다. 그런 그도 여성이라는 이유로 노벨물리학상 후보에서 제외될 뻔했다. 위원회가 퀴리를 남편인 피에르 퀴리와 남성 동료 앙리 베크렐과 동등한 공동 연구자로 보지 않았기 때문이다. 퀴리가 프랑스 소르본 대학 최초의 여성 교수로 임용된 것도 남편이 교통사고로 갑작스럽게 사망해 그 자리에 들어

---

3   통계청, 「2020년 사망 원인 통계 결과」, 2021년 9월 28일.

간 것이다.

과학계의 성차별적 태도는 21세기에도 크게 다르지 않아 보인다. 2015년 세계과학기자대회의 기조 강연자로 한국을 방문한 영국의 노벨생리의학상 수상자 팀 헌트는 여성 과학자를 비하하는 발언으로 물의를 빚었다. 그는 여성 과학자들을 '소녀'라고 지칭하며 여자와 남자는 실험실에서 늘 사랑에 빠지고 여자의 비판에 남자가 울게 되니 성별이 분리된 실험실을 만들자는 농담을 던졌다. 그의 아내 역시 면역학 분야에서 대학 교수로 일하는 여성 과학자임에도 말이다.

이것은 오랫동안 여성의 적이었던 과학의 역사다. 여성의 신체를 왜곡하고 배제하며, 여성 학자의 존재를 지우는 지식 체계와 제도를 개선하기 위해 여성들은 용감하게 싸웠다. 페미니즘이 오랫동안 과학의 비판자 역할을 자처해 온 이유가 여기에 있다. 기울어진 운동장에서 여성의 입장에 선 이들은 과학에 드리워진 객관성과 보편성, 가치중립성이라는 신비의 베일을 걷어 올렸다.

내버려 두기엔 너무나 강력한 과학

과학의 역사 속에서 남성은 지식의 탐구자이자 지식이 탐구해야 할 대상으로 그려졌지만, 여성은 과학자로도 과학의 대상으로도 오롯이 존재하지 않았다. 그렇다고 해서 영원히 과학과 적대하며 살 수는 없는 노릇이다. 비판만으로 바꿀 수 있는 것은 없다. 그저 내버려 두기에 과학은 우리의 삶에 너무 큰 영향을 미친다. 난자의 능동성을 발굴한 연구에서 보듯 여성의 몸을 무지에 남겨 두는 것은 우리의 선택지가 될 수 없다.

이 책은 여성의 관점에서 과학을 새롭게 바라보고, 과학의 관점에서 여성의 몸과 경험을 새롭게 이해하려는 시도다. 이처럼 여성과 과학 양쪽에서 탐구하려면 개개인의 여성 과학자만이 아니라 과학의 안팎에 있는 이들이 함께해야 힘을 발휘할 수 있다.

지금까지 과학에 관심이 없었거나 심지어 싫어했어도 좋다. 반대로 당신이 과학을 잘 알고 좋아한다면, 현재 과학계에 종사하고 있다면 더욱 좋다. 어느 쪽에 해당하든 조신하게 사회에서 기대하는 여성 또는 남성의 도리를 다하며 무언가 주어지기를 기다리거나, 주어진 것을 당연하게 여기는 사람이 아니라면 당신은 이 책의 완벽한 독자다. 나는 특히 과학과 불화를 겪었던 경험이 있는 이들, 그래서 과학책에는 그다지 마음이 가지 않는 독자들을 떠올리며 이 책을 썼다. 바로 내가 그랬기 때문이다.

나는 과학을 싫어했고 미워했다. 그런 나에게도 과학을 좋아했던 시기가 있었으니 초등학교와 중학교 시절이다. 수학자가 꿈이었던 그때는 수학과 과학을 어려워하고 못하는 친구들을 이해할 수 없을 정도로 수학과 과학이 재미있었다. 이 꿈은 과학고에 진학하고 얼마 되지 않아 깨졌다. 그곳에는 나보다 수학과 과학을 잘하는 친구들이 너무도 많았다. 천재 소리를 듣지 못하게 되자 나는 과학이 싫어졌다. 나를 못나게 만드는 과학이 미웠다. 그때는 과학을 잘하는 사람만이 사랑할 수 있다고 생각했다.

내가 다시 과학을 좋아하게 된 계기는 페미니즘이다. 처음에는 과학을 비판하는 것이 좋았다. 객관적이고 엄밀해 보이던 과학 지식이 성 고정관념과 편견의 영향을 받는다는 사실을 하나씩 알아갈 때마다 통쾌했다. 과학이 오염되었다는 사실을 알게 되자 과학으로 정당화되는 주장이나 행위에 예전처럼 영향받지 않게 되었다. 내가 여자라서 더 쉽게 과학자의 길을 포기하게 되었다는 점을 깨달은 것도 좋았다. 과학자가 되지 못한 게 내 능력 부족 탓이 아니라는 깨달음은 큰 위로가 되었다. 이렇게 성차별적인 과학이라니, 과학자가 되지 않아 오히려 천만다행이었다. 나쁜 과학을 믿는 대신 여성의 목소리에 귀 기울이는 편이 훨씬 나아 보였다. 과학의 권위에서 해방되자 마음이 가벼워졌다.

　　페미니즘이 주는 통쾌함과 해방감으로 둥둥 떠다니던 나를 땅에 발붙이게 한 것은 과학기술학이다. 과학기술학은 과학기술이 사회와 서로 영향을 주고받는 과정과 그 의미를 인문사회과학적 방법론으로 살피는 학문이다. 지식이 만들어진 시대에 따라, 지식을 생산하는 과학자가 누구이고 어떤 의도를 갖는가에 따라 달라진다고 보는 점에서 페미니즘과 통한다. 페미니즘과의 차이는 지식의 생산이 순전히 인간의 의지와 의도에만 달려 있지 않다고 보는 점이다. 자연의 실재는 인간의 언어에 종속되는 수동적인 존재가 아니다. 인공지능과 로봇의 경우에서 보듯 기술적 인공물은 인간이 쓴 시나리오대로만 작동하지 않는다.

과학기술학이 주는 최고의 가르침은 자연이 천재의 소유물이 아니라는 사실이다. 새로운 지식을 생산하기 위해서는 순간의 번뜩이는 아이디어만큼 반복되는 실험을 성실하게 수행하는 노동이 필요하다. 외곬수 천재보다는 사회문제에 관심 있는 과학자가 혁신적인 기술을 개발할 수 있다. 소위 천재늘만 과학자가 되면 과학은 비슷한 방향으로 발전하며 비슷한 문제를 반복하게 된다. 천재는 아니지만 더 나은 세상을 만드는 데 기여하고 싶은 평범한 사람들이 모여 과학은 변화한다. 과학이 더 많은 여성의 몸을 연구하고 더 많은 여성이 과학을 연구할 때 과학은 여성을 위한 가장 든든한 친구가 된다.

과학과 친구 되는 법

이 책은 페미니즘과 과학기술이 만나는 현장에 가까이 다가간다. 여성의 건강을 증진하는 과학, 여성의 삶과 몸·경험을 더 잘 이해하게 돕는 과학, 여성이 생산하고 분석한 과학을 소개한다. 입덧과 우울증, 냉동 난자에서 사이보그에 이르기까지 최신 과학기술 사례를 살펴보는 본문은 크게 여섯 가지 핵심적인 생각을 담고 있다. 여성의 입장에서 과학에 접근하거나, 과학에서 여성 쪽으로 나아갈 때 반드시 만나게 되는 논쟁점을 학술적인 근거와 함께 검토한 결과다. 자신의 삶과 몸·경험을 더 잘 이해하려는 여성, 일상에서 분투하는 여성과 함께하려는 모두를 위한 탐구다.

첫째, 생물학적 실체는 존재한다. 자연은 원할 때마다 업데이트하거나 썼다 지웠다 할 수 있는 소프트웨어가 아니다. 레시피만 바꾸면 다양한 요리로 탄생하는 음식 재료가 아니며, 어떤 내용물이든 담아낼 수 있는 텅 빈 그릇도 아니다. 자연은 자기만의 언어와 힘을 가지고 있는 존재다. 과학기술이란 바로 자연의 언어를 이해하고 자연의 힘과 협상하려는 노력이다. 지금의 과학기술이 그러한 노력의 유일무이한 형태라고 못 박을 수는 없으나 가장 믿음직스러운 것임은 분명하다. 과학기술이 낳는 논쟁과 이견은 불신이 아닌 믿음의 근거다. 1장과 2장에서는 성염색체와 뇌라는 생물학적 실재를 중심에 두고 성별과 성차에 관한 논쟁을 다시 본다.

둘째, 신비로운 여자를 추앙하지 말자. 신비로움은 대개 아름다움으로 포장되지만, 신비의 다른 이름은 무지다. 사회는 종종 여성의 무지를 치켜세

우거나 방치한다. 우울한 여자는 매력적이고 아이를 품은 여자는 성스럽다는 이미지가 여러 곳에서 재생산될 때 현실의 우울한 여자는 스스로의 몸을 해하고, 아이를 품고 낳은 여자는 다른 생명체의 안녕을 우선시하게 된다. 여자의 몸을 알지 못하면 죽어 가는 여자들을 살리지 못한다. 3장에서는 폭식증·우울증과 연결된 장에 관한 연구를, 4장에서는 태아가 아닌 태반을 중심으로 새롭게 정의되는 임신을 들여다본다.

셋째, 어머니의 책임 대부분은 어머니의 것이 아니다. 건강한 아이를 낳으려면 젊은 난자와 건강한 여자의 몸이 필요하다고들 한다. 새 생명의 건강은 모두 어머니의 책임처럼 보이지만 거의 그렇지 않다. 아버지에게 해당하는 문제가 아니었던 것 대부분은 아버지의 책임이다. 따라서 여성에게 떠넘겨졌던 사회의 책임을 이제 제자리로 돌려놓아야 한다. 5장은 아버지가 될 생각이 있는 남자들에게 지금부터라도 몸가짐을 바로 해야 한다는 현실적 조언을 건네고 6장은 모든 인간이 난자와 정자의 결합에서 시작되었다면 정자의 생물학 역시 난자의 생물학만큼 중요하다는 당연한 사실을 일깨운다.

넷째, 성평등한 사회를 고민하는 엔지니어가

혁신을 이룬다. 가짜 혁신이 사회의 가장 낡은 구석에 기댄다면 진짜 혁신은 사회를 새롭게 바꾼다. 7장과 8장에서는 현재 최신 기술로 주목받는 인공지능과 로봇 기술의 한계를 명확히 짚고 개선을 위한 아이디어를 제안한다. 인공지능이 학습하는 데이터는 언제나 과거로부터 온 것이고, 로봇은 낯설어 보이지 않기 위해 과거의 고정관념을 재현한다. 이렇게 되면 우리의 기술은 영원히 과거에서 벗어날 수 없을지 모른다. 과거에서 온 편향을 애써 제거하기보다는 그 기술을 편향을 가시화하는 데에 사용하면 어떨까? 과거의 고정관념을 그대로 따르기보다는 뒤집고 흔들어 보는 건 어떨까? 창의적이고 혁신지향적인 현직 공학자들이여, 도전해 보자.

다섯째, 페미니즘은 과학 밖에도 있고 과학 안에도 있다. 9장과 10장은 페미니즘의 주된 비판 대상인 진화론, 페미니즘의 논의 주제에서 벗어난 물리학 안에서 페미니즘을 논할 가능성을 모색한다. 진화론은 페미니즘의 적처럼 보이지만 그 안에는 분투하는 여성 진화론자들이 있다. 더 나은 물리학을 만들기 위해서도 여성과 페미니즘의 도움이 필요하다. 페미니스트여, 과학자가 되자. 당신의 과학자 동료가 기다리고 있다.

여섯째, 페미니스트 과학기술학을 확장할 수 있는 이론적 가능성을 찾자. 21세기에 해러웨이의 「사이보그 선언문」은 어떤 메시지를 전하는가? 자연과 여성을 동일시한 에코페미니즘은 오늘날 여성에게 유효한 이론인가? 기술과 결합하고 자연과 연결됨으로써 여자들은 자기 자신과 세계를 더 잘 돌볼 수 있다. 기술로 몸을 지배하고 변형하는 사이보그 전사는 지난 세기의 주인공이다. 과학기술과 자연의 대립이 20세기의 구도라면 21세기는 일상의 사이보그가 살아가는 세계다. 인간이 아닌 존재들과의 결합과 연결은 매일의 돌봄 행위와 같다. 그들은 돌보고 수선하고 다듬고 또 돌본다. 그들의 몸을, 과학기술을, 지구를.

지금 한국 사회는 여성을 비롯한 소수자 및 사회적 약자에 대한 관심이 어느 때보다 크다. 기후위기와 감염병 대유행이라는 현실과 맞물려 과학기술의 힘과 한계가 활발히 논의되고 있다. 여성과 과학을 함께 탐구하기에 이보다 더 적절한 시기는 없을 듯하다. 이 책이 소개하는 과학 연구를 따라가다 보면 어느새 과학이 그리 낯설지 않게 느껴질 것이다. 과학은 적도 아니지만 신도 아니다. 이미 곁에 다가와서 서성대고 있다.

적절한 친근감과 적절한 믿음은 친구의 조건
이자 미덕이다. 때로는 과학의 도움을 받기도 하고
때로는 과학에게 조언하거나 함께 참여하며 과학
을 돕자. 알고 싶지 않았던 과학이 궁금해지고 남
의 일이던 과학이 내 일로 느껴질 것이다. 내가 그
랬던 것처럼 말이다.

차례

일러두기

1   저자의 주는 각주로 표시했고 참고 문헌은 권말에 모았다.
     외래어 표기는 국립국어원의 외래어 표기법을 따랐으며 일부 관례로
     굳어진 것은 예외로 두었다.
2   단행본은 『 』로, 논문, 기사, 영화 등 개별 작품은 「 」로, 잡지 등
     연속간행물은 《 》로 표시했다.

1장

성염색체는 없다

"1000만 년 뒤엔 남성이 사라질지 모른다?" "남성의 종말?" "남자는 끝장이다."

　한 과학 연구를 소개하는 국내외 언론 기사의 제목이다. 도대체 어떤 내용이기에 이렇게 남성들을 불안에 떨게 하는 제목이 쓰였을까? 2002년 호주의 유전학자 제니퍼 그레이브스가 저명한 국제 학술지 《네이처》에 실은 짧은 글은 먼 훗날 인간의 Y 염색체가 사라질 것이라는 도발적인 주장을 담고 있었다.[1]

　인간의 염색체[2]는 23쌍이다. 그중 첫 번째부

1　Jennifer. A. Graves & R. John Aitken, "The Future of Sex," *Nature* Vol.415 no.6875(2002).

2　인간의 유전 물질은 세포가 분열할 때 일시적으로 응축해 현미

터 22번째 쌍까지는 상염색체라 불리고 마지막 쌍은 성염색체라는 별개의 이름으로 불린다. 성염색체라는 이름에는 이 마지막 한 쌍이 인간의 성별을 결정한다는 의미가 담겨 있다. 성염색체 자리가 XX면 여성, XY이면 남성인 것이다. 여기까지는 우리가 과학 시간에 배운 이야기다.

그레이브스는 Y 염색체가 생식 과정에서 같은 염색체와 짝을 이루지 않기 때문에 오랜 시간 서서히 유전자를 소실해 왔다고 설명한다. 성염색체 자리가 X 염색체끼리 짝을 이루면 어느 한쪽에 결함이 있더라도 유전 물질을 교환해 유전자를 보전하지만, 늘 X 염색체와 짝을 이루는 Y 염색체는 이런 보완 과정을 거치지 못한다.

3억 년 전 처음 출현했을 때 1500여 개의 유전자가 있었던 Y 염색체는 현재 50개를 제외한 나머지를 전부 잃어버렸다. 100만 년당 5개씩 사라진 셈이니, 이 속도라면 Y 염색체는 1000만 년 후에 지구상에서 자취를 감추게 된다.

그런데 그레이브스가 주장한 것은 Y 염색체의

경으로 관찰 가능한 형태가 되는데, 이러한 유전 물질을 특별히 염색체라 한다.

소멸이지 남성의 소멸이 아니다. 어쩌다가 Y 염색체 퇴화론이 남성 종말론으로 바뀌었을까? 사람들은 너무나 자연스럽게 Y 염색체를 생물학적 남성의 상징으로 쓴다.

남성의 상징이 된 Y 염색체

인간의 성염색체에 대한 연구는 1920년대의 성호르몬 연구와 함께 본격적으로 시작되었다. 당시 성염색체는 부속 염색체(accessory chromosomes), 특수 염색체(idiochromosomes), 이형 염색체(heterochromosomes) 등 성별 결정 기능과 무관한 다른 이름으로도 불렸다. 정자나 초파리의 성염색체를 이용한 생물학 연구는 앞서 19세기 후반부터 이루어졌으나, 당시 세포생물학자들과 유전학자들의 관심사는 성염색체의 고유한 기능을 통해 유전 현상 일반을 이해하는 데 있었다.

1920년대의 성호르몬 연구는 오늘날의 유전자 연구처럼 학계와 대중, 상업 영역의 관심을 한 몸에 받았다. 제약 회사는 에스트로겐, 프로게스테론 등의 연구로 임신 보조제나 피임약, 호르몬 요법을 개발하려 했다. 대중은 일상적으로 성호르몬에 관한 보도를 접하며 남녀의 몸에 관한 과학자들의 말에 귀를 기울였다.

상대적으로 주목받지 못했던 인간의 성염색체 연구는 성호르몬 연구와 짝을 이루면서 인간의 성을 규명하는 과학으로 전문화됐다. 수정란이 태아로 자라는 동안 성별이 정해지는 성별 가소성 현상처럼, 성호르몬 이론은 기존 성염색체 연구로 충분히 규명하지 못했던 사례를 훌륭하게 보충 설명하는 듯했다. 인간의 마지막 염색체 쌍이 성염색체라 불리며 성별의 상징이 된 것도 이때였다.

성염색체 중에서도 Y 염색체는 1960~1970년대에 이루어진 대대적인 연구를 통해 남성의 상징으로 자리 잡았다. 1959년 Y 염색체가 남성 성별을 결정한다고 알려진 이래 Y 염색체를 하나 더 가진 남성은 '초남성(super male)'이라 불리며 집중적으로 연구되기 시작했다. XY가 남성이라면 XYY의 소유자는 초남성이라는 것이니, 과학자들이 찾았던 것은 남성성의 생물학적 근거였다. 영국 세포유전학자 퍼트리샤 제이콥스는 폭력 성향을 띠는 정신 질환으로 입원한 환자 가운데 3.5퍼센트가 XYY 염색체를 가졌다는 사실을 우연히 접하고, 1965년 《네이처》에 "여분의 Y 염색체가 비정상적인 공격

행동을 일으킨다."라는 내용의 논문을 발표했다.[3]

제이콥스의 주장이 미친 영향력은 어마어마했다. 그의 논문을 시작으로 XYY 염색체 연구는 1960~1970년대 동안 이루어진 인간 Y 염색체 연구의 82퍼센트를 차지하게 된다.[4] 1970년 미국 국립 보건원(NIH) 산하 정신건강연구소에서는 XYY 염색체 이상을 주제로 한 공식 보고서를 발간하고 XYY 남성의 사회적 행동과 법적 책임을 50쪽이 넘는 분량으로 다뤘다.[5] XYY 염색체가 가진 상징성은 대중문화로도 퍼졌다. 1976년 영국에서 방영된 TV 드라마 「XYY 남자(The XYY Man)」의 주인공은 여분의 Y 염색체 탓에 생긴 범죄 충동을 억누르며 악을 소탕하는 영웅 캐릭터로 설정됐다.

3   Jacobs, P. A. et al., "Aggressive behaviour, mental sub-normality and the XYY male," *Nature* Vol.208(1965), pp. 1351~1352.

4   Sarah S. Richardson, *Sex Itself*(Illinois: University of Chicago Press, 2013).

5   National Institutes of Health and Saleem Alam Shah, *Report on the XYY Chromosomal Abnormality*(Chevy Chase, MD: US GPO, 1970).

성 고정관념이 만든
Y 염색체 연구의 흑역사

Y 염색체에서 남성성의 본질을 찾으려는 지난한 노력이 멈추기까지는 10년 이상이 걸렸다. 1976년과 1977년에 잇달아 발표된 대규모 역학 조사는 XYY 남성의 97퍼센트가 범죄 이력이 없으며 폭력적 성향을 보이는 XYY 남성 환자의 공격성이 XY 남성 환자의 공격성과 큰 차이가 없다고 지적했다.[6] 방법론적 오류 역시 심각했다. 기존 연구들은 Y 염색체와 연관된 공격성이 대체 무엇인지를 엄밀하게 정의하지 않았으며, XYY 남성의 폭력적 성향에 영향을 줄 만한 환경적 요인을 충분히 고려하지 않았다. Y 염색체가 폭력적인 남성을 만드는 메커니즘을 설명하거나 이를 실험으로 입증하려 한 연구도 없었다.

잠깐 생각해 보자. Y 염색체가 하나 더 있는

---

6   Herman A. Witkin et al., "Criminality in XYY and XXY Men: The elevated crime rate of XYY males is not related to aggression. It may be related to low intelligence," *Science* Vol.193 no.4253(1976); Herman A. Witkin, Donald R. Goodenough, & Kurt Hirschhorn, "XYY men: are they criminally aggressive?," *Sciences* Vol.17 no.6(1977).

염색체 이상이 신체 기능의 문제를 일으킨다고 가정하기보다 공격성을 결정하는 유전자의 효과를 높인다고 본 것부터가 의아하다. 제이콥스의 연구에서 같은 보호 시설에 있었던 남성 환자 중 X 염색체 쪽이 하나 더 많은 XXY 남성이 XYY 남성과 비슷한 비율로 존재했음에도 굳이 Y 염색체를 폭력적 성향과 연결시켰다는 점도 석연치 않다. 폭력적 성향을 남성적 특징과 동일시하는 당대의 성 인식이 과학 연구에 영향을 주었음을 부인하기 힘들다.

20세기 중반의 초남성 이론은 과학의 흑역사로 남아 있다. 이제는 Y 염색체가 남성 성별을 결정한다는 것 자체가 과학적으로 틀린 말이 되었다. 1980년대에 인간 유전체 연구가 꽃피며 Y 염색체 중에서도 성별을 결정하는 유전자가 규명됐다. 그러나 1990년대 말에 이르러 그 유전자가 남성 성별을 결정하는 유일한 물질이 아니라는 점이 밝혀졌다. 2000년대 이후의 연구는 남성의 성별 결정과 생식에 관련한 유전자가 X 염색체에 모여 있다고 말한다. 나아가 3번 염색체나 9번 염색체처럼 상염색체에 위치한 유전자가 남성의 고환을 만드는 데 관여한다는 사실도 드러났다.[7]

여성의 것이 아닌
X 염색체

Y 염색체의 사정이 이러하다면, X 염색체와 여성성을 연결 짓는 연구는 없었을까? 사실 성별 과학이 연구되던 초기에 과학자들은 X 염색체가 성별을 결정한다고 여겼다. 이런 믿음은 당시 유전학 연구에 주로 사용된 초파리의 염색체 특성에서 비롯됐다. 초파리의 성염색체가 XX와 XY 두 종류라는 점은 인간과 같았지만, 초파리의 성별은 X 염색체와 나머지 상염색체의 비율에 따라 결정되었기 때문이다.

연구에 필요한 세포를 어디에서 구할지의 문제도 있었다. 세포 속 염색체를 보는 과학자가 가장 손쉽게 구할 수 있는 재료는 난자나 다른 신체 조직보다 수가 많고 채집이 용이한 생식 세포, 즉 정자였다. 여성의 난자에는 X 염색체만 있으나 남성의 정자는 X 염색체를 가진 것도 있고 Y 염색체를 가진 것도 있다. 당시 통용되던 논리는 난자가 X 염색체를 가진 정자와 만나면 딸이, Y 염색체

---

7   Sarah S. Richardson, op. cit.

를 가진 정자와 만나면 아들이 되기 때문에 X 염색체가 여성을, Y 염색체가 남성을 결정한다는 식이었다.

X 염색체와 Y 염색체가 각각 다른 두 성별을 결정하는 염색체로 간주되면서 X 염색체의 기능에 관한 새로운 물음이 떠올랐다. 여성은 여성 성별을 결정하는 X 염색체가 두 개 있는 셈인데, 여분의 X 염색체는 어떤 기능을 하는 걸까?

초남성 연구를 진행한 과학자들이 남성성에 빠져 있었던 것처럼, 여분의 X 염색체는 여성성과 엮였다. X 염색체 모자이크 현상은 이 여분의 X 염색체의 작동을 이론화한 것이다. 1961년 제이콥스와 같은 영국 출신 세포유전학자 메리 리옹은 암컷 쥐가 X 염색체 관련 질병에 잘 걸리지 않는 이유를 알아냈다. 암컷 쥐의 염색체를 관찰한 결과 두 X 염색체 중 어느 한쪽이 아예 활성화되지 않았던 것이다.[8] X 염색체 이상 유전 질환의 경우 여성은 X 염색체 중 하나에 이상이 있어도 정상 X 염색체가 활성화하기 때문에 발병률이 현저히 낮다. X 염

---

8   Mary F. Lyon, "Gene action in the X-chromosome of the mouse," *Nature* Vol.190 no.4773(1961).

색체가 하나뿐인 남성은 이상 증상의 발현을 막을
수 없다. X 염색체 이상으로 선천적으로 혈액 응고
인자를 잘 만들지 못하는 혈우병 환자는 남성이 대
부분이다. 여성은 유전적 결함이 있더라도 증상이
나타나지 않는다. 두 X 염색체 중 어느 한쪽이 비
활성화되는 모자이크 현상으로 인해 여성과 남성
은 기능석으로 같아진다. 모자이크 현상은 두 성별
모두의 다른 유전체에서도 흔히 발견된다.

　X 염색체 모자이크 현상은 X 염색체가 생물
학적 여성의 자질과 무관함을 보여 주는 과학적 근
거다. 다음 연구들은 모자이크 현상이 잘못 일어나
면 성별 결정이 아닌 개체의 생존 자체에 문제가
발생한다는 사실을 밝혔다. 그런데 2000년대 초반
까지도 이 현상은 여성의 '키메라'적인 기질을 설명
하는 데 쓰였다. 여자는 성격을 통제할 수 없다거
나 기분이 쉽게 불안정해진다는 편견과 결부된 것
이다. 최근의 동물 연구는 X 염색체와 여성성을 연
결 짓는 통념에 완전히 상반되는 결과를 보여 주었
다. XXY 염색체의 수컷과 XXX 염색체의 암컷 쥐
를 연구한 결과 두 쥐 모두 수컷의 성적 행위를 더
많이 하는 모습이 관찰된 것이다![9]

　성염색체는 성별 결정을 위해서만 존재하지

않으며, 다른 염색체에도 성별 결정에 영향을 주는 유전자가 많다. Y 염색체가 남성 성별을 결정하지 않듯이 X 염색체도 여성 성별을 결정하지 않는다. 사정이 이렇다면 과연 성염색체를 계속 같은 이름으로 불러야 할까? 성염색체로 불리기 전의 이름으로 돌아가는 건 어떨까?

성별은 실재하며
기울어져 있다

성염색체는 성별을 결정하지 않는다. 염색체만의 이야기가 아니다. 성별을 결정하는 단 하나의 요소는 없다.

그렇다면 성별이란 무엇일까? 남성다움과 여성다움의 본질을 찾으려는 과학자들의 노력은 실패했지만, 후속 연구는 성별 결정 과정에 다양한 유전자와 호르몬이 동원된다는 사실을 밝혀 냈다. 현대 의학은 개인의 젠더 정체성과 타고난 신체 사이의 불일치를 줄이기 위한 외과 수술과 호르몬 요

9   Paul J. Bonthuis, Kimberly H. Cox, & Emilie F. Rissman, "X-chromosome dosage affects male sexual behavior," *Hormones and behavior* Vol.61 no.4(2012).

법을 개발했다.

성별에 대한 과학적 사실만큼 과학 연구에서의 성비 불균형 문제도 중요하다. 1997~2000년 미국에서 부작용 문제로 판매 중단된 약품 10개 중 8개에서 여성은 남성보다 훨씬 심각한 증상을 호소했다. 미국 식품의약국(FDA)의 승인을 거쳐 판매된 제품이 성별에 따라 효과가 달리 나타난 이유는 생명 의료 분야의 많은 연구가 남성과 수컷 동물을 주 실험 대상으로 삼기 때문이다. 우리 삶에서 떨어트릴 수 없는 의약품의 효능을 다루는 약학에서 실험동물의 수컷과 암컷 비율은 5 대 1이다. 여성 환자가 절반 이상인 심혈관 질환 연구의 여성 피험자 비율은 31퍼센트에 그친다.[10]

눈에 띄게 차이가 나는 남녀 피험자 수는 남성의 몸이 과학 연구의 표준으로 여겨져 온 역사를 드러낸다. 2009년 미국 스탠포드대학의 과학사 교수 론다 쉬빈저의 주도하에 시작된 젠더 혁신 프로젝트는 과학 연구에서의 성별 문제를 개선하기 위해 시작되었다. 남성 피험자만을 대상으로 수행한

---

10   오철우, 「같은 항암제인데 왜 여성에 부작용 더 많을까」, 《한겨레》, 2019년 6월 8일.

임상 시험을 통과한 약품보다 여성과 남성 피험자 모두를 대상으로 한 연구로 만들어진 약품이 더 안전할 것임은 분명하다. 유럽연합(EU), 미국 국립 보건원은 연구 과제 지원자에게 실험 설계 단계부터 성별 변수를 포함하도록 권고한다. 수컷 쥐만으로 실험을 하고 있다면 암컷 쥐를 쓰지 않은 정당한 이유를 밝혀야 한다. 한쪽 성별 위주로 개발된 의약품이 다른 쪽 성별에게 더 위험하다는 사실은 성차가 실재한다는 것을 입증한다. 성차에 따른 의약품 효과는 생식 기관이나 기능에 한정되지 않고 몸 전체에서 나타난다.

젠더 혁신 프로젝트는 성별 균형을 맞추어 성별의 차이를 적극적으로 연구하자고 제안한다. 성별과 젠더의 차이를 함께 고려하면 남성과 여성의 건강에 미치는 사회적 영향을 더 잘 이해할 수 있다.

2장   # 여자와 남자가
모자이크 된 뇌

한국에서 100만 부 이상 팔린 자기 계발서 『화성에서 온 남자, 금성에서 온 여자』는 성별 차이에 근거한 소통 방법을 제시한다. 남녀를 서로 다른 행성에서 온 존재에 비유하는 이 책처럼 '여자는 섬세하고 상대의 말을 경청하며 언어를 잘 익힌다면, 남자는 공격적이고 자기 주장을 펼치며 수학과 과학을 잘한다'는 식의 이분법을 주장하는 이가 여전히 많다.

성별 간의 능력이 다르다는 주장은 종종 과학적 근거로 뒷받침되는데, 두 성별의 행동이나 지적 능력 차이를 설명하는 데 주로 쓰이는 것이 뇌의 성차 연구다.

뇌의 생물학적 차이는
능력 차이가 아니다

여성의 뇌와 남성의 뇌는 크기부터 달라 보인다. 남성의 뇌가 여성의 뇌보다 클 확률은 84퍼센트이고 여성의 뇌가 남성의 뇌보다 클 확률은 16퍼센트라고 한다. 그런데 이 수치는 남녀 집단의 평균적인 차이를 드러낼 뿐이다. 누군가의 성별 정보만으로는 그의 뇌 크기를 알 수 없으며, 반대로 뇌 크기만 보고 주인의 성별을 가릴 수도 없다. 남성이 여성보다 평균적으로 키가 크지만 모든 남성이 모든 여성보다 키가 크지 않은 것과 같은 이치다. 실제로 남녀 뇌의 크기가 비슷할 확률은 48퍼센트나 된다.[1]

성차 논의에서 뇌의 크기 차이가 자주 입에 오르내리는 이유는 뇌가 클수록 지능 같은 특정 능력이 우월하리라는 낡은 믿음 때문이다. 남성의 뇌가 여성의 뇌보다 대체로 크다는 사실과 남성이 여성보다 대체로 더 똑똑하다는 주장의 연결 고리는 실제로 빈약하다. 2018년 영국 에든버러대학 심리학

---

[1]   Stuart J. Ritchie et al., "Sex differences in the adult human brain: evidence from 5216 UK biobank participants," *Cerebral cortex* Vol.28 no.8(2018), pp.2959~2975.

과의 스튜어트 리치 교수 연구팀은 영국 바이오뱅크가 보유한 여성 2750명, 남성 2466명의 뇌 자기 공명영상(MRI) 데이터로 남녀 뇌의 차이를 분석했다. 뇌의 생물학적 특성을 본 것인데, 뇌의 전체 크기는 평균적으로 남성이 여성보다 컸고 대뇌 표면을 이루는 세포층인 대뇌 피질의 두께는 평균적으로 여성이 남성보다 두꺼웠다. 두 성별에 평균적인 지능 차이는 나타나지 않는다는 것이 이 연구의 결론이다.[2]

뇌의 성차가 지능의 우열로 연결되지 않는다면, 남녀가 서로 다른 특성을 갖는다는 주장은 타당할까? 여성의 뇌와 남성의 뇌가 언어 감각 대 수학 능력처럼 서로 다른 성향에 특화된 것은 아닐까? 2020년 7월 미국 국립정신건강연구소의 발달 뇌 유전학자 아민 라즈나한 연구팀은 남녀 뇌의 차이를 해부학 관점에서 분석한 연구 결과를 발표했다.[3] 연구에 따르면 남성의 뇌는 후두엽·편도체·해

2   Ibid.

3   Siyuan Lui et al., "Integrative structural, functional, and transcriptomic analyses of sex-biased brain organization in humans," *Proceedings of the National Academy of Sciences* Vol.117 no.31(2020), pp.18788~18798.

마가, 여성의 뇌는 전액골 피질과 섬이 다른 성별의 뇌보다 평균적으로 더 크다. 전자는 시각과 기억력에 관련된 부위로, 후자는 의사 결정과 미각, 자기 조절 등과 관련된 부위로 알려져 있다. 그러나 특정 뇌 부위가 크다는 사실은 단지 해당 부위에 회백질이 더 많다거나 뇌의 주인이 그 부위와 관련된 기능을 상대적으로 더 많이 학습했다는 것을 의미할 뿐, 그 부위와 연관된 기능이 우월하다는 결론으로 이어지지 않는다.

뇌의 성차에 집착한 과학

우리의 뇌에 평균적으로나마 생물학적 성차가 있다면, 그 사실을 가지고 이런저런 주장을 펼쳐 볼 수는 있지 않을까? '남자는 시각 정보를 잘 기억하고 여자는 자기 견해를 내세우기보다 합의를 잘 이끌어 낸다'는 주장을 원천 봉쇄할 결정적 증거는 없다는 반론이 나올 수 있다. 그러나 이 질문에 긍정적으로 답을 하기에 뇌의 성차를 파고드는 과학은 한계가 크다.

우선 뇌는 태어났을 때 상태로 고정되어 있지 않고 환경의 영향을 받아 계속 변한다. 이러한 뇌의 중요한 특징을 가리키는 말이 신경 가소성이다. 복잡한 도심 속 도로를 모두 꿰고 있는 런던 택시 기사의 뇌에서는 기억력과 연관된 부위인 해마가 더 크게 나타난다는 연구 결과가 있다. 그렇다면 뇌의 생물학적 차이는 겉으로 보이는 능력 차이를 설명하는 원인이 아니라, 거꾸로 능력 차이가 반영된 결과인 셈이다. 뇌의 성차 연구가 강조하는 뇌의 생물학적 차이는 성별에 따라 타고난 것이기보다 개인이 살면서 맡아 온 사회적 역할의 영향일 수 있다는 말이다. 뇌의 생물학적 특징을 변하지 않는 것으로 보고, 이것이 남녀의 특성을 결정하는 원인이라고 강조하면 그로 인한 차별도 자연스러운 것으로 오인될 수 있다.

또 하나 생각해 볼 문제가 있다. 과학계 연구·출판의 특성상 '차이가 없다'는 연구 결과보다 '차이가 있다'는 연구 결과가 발표될 가능성이 크다는 점이다. 어떤 물질이 암 치료에 효과가 없다는 연구보다 효과가 있다는 연구 쪽에 더 눈길이 가기 마련이다. 특히 뇌의 성차처럼 사회적인 관심도가 높은 주제에서는 남녀의 뇌가 어떻게 다른지를 주장하는 연구가 더 새롭고 흥미로운 연구로 여겨지는 경향이 있다. 어쩌면 남녀의 뇌가 비슷하다거나 크게 다르지 않다고 입증하는 많은 연구가 학술지에 실리지 못한 채 잊혔을지도 모른다.

　페미니즘은 과학계의 성차 연구에 정작 성차 문제에 관한 비판적 사유가 담겨 있지 않다고 지적한다. 남녀의 차이를 밝히는 뇌 연구와 신경 과학은 대개 '왜 성차를 연구해야 하는가'와 같은 근본적인 질문을 던지지 않는다. 과학 연구는 남녀 뇌가 이미 생물학적으로 다르다는 것을 전제하고 그 자체를 보여 주는 실험을 설계하는 일에 집중한다. 이렇게 출판된 연구들이 여성과 남성의 차이가 선천적이라고 정당화하는 데 쓰이고 있다. 뇌의 성차는 여전히 과학자들이 활발하게 연구하는 주제 중 하나다. 국제 학술지《신경과학연구》은 2017년 생물학적 성과 젠더가 신경계 기능에 미치는 영향에 관한 800여 쪽의 특별호를 발간했을 정도다.

뇌의 성차 연구에
새로운 질문 던지기

사람들은 콩팥이나 폐보다 뇌의 성차에 관심이 많다. 뇌의 성차에 관한 과학 지식은 곧잘 남자와 여자 사이에 근본적인 차이가 있음을 입증하는 결정적인 지식으로 간주되고, 사회적 성 역할과 성차별을 정당화하는 데 사용된다. 실제로 라즈나한 연구팀의 분석은 발표 직후 그들의 의도와 무관하게 남학교와 여학교를 따로 만들어야 한다는 주장의 근거로 쓰였다. 이 사례는 과학적 사실이 기존의 성인식을 강화하는 방향으로 오용되는 씁쓸한 현실을 보여 준다.

한편 성차 연구의 한계를 알고 이를 새롭게 디자인하려는 과학자들이 있다. 유럽과 북미, 호주의 여성 과학자와 페미니스트들이 결성한 뉴로젠더링 네트워크는 과학 연구가 사회적 가치와 무관하게 수행될 수 없다는 문제의식을 공유한다. 지금으로부터 약 10년 전 스웨덴 웁살라대학 젠더연구센터가 연구 재단의 지원으로 다양한 학문적 배경과 전문성을 가진 연구자를 초대한 국제 학회가 계기였다.

뉴로젠더링 네트워크가 추구하는 페미니스트 신경 과학은 뇌의 차이를 무조건 부정하지 않는다. 이분법적으로 단순화된 성 인식에 부합하는 과학 지식의 재생산을 그만두고, 뇌의 성차에 관한 새로운 연구와 세밀한 서사를 만드는 것이 목표다. 그러기 위해서는 기존보다 더 엄격한 과학적 방법론을 사용해야 한다. 예를 들어 뇌의 성차를 기본 전제로 두고 이를 입증할 방법만 달리하는 것이 아니라, 뇌의 기본 특성에 주목해 성 고정관념이나 젠더 정체성이 뇌를 어떻게 다르게 만드는지를 보는 신경 가소성 연구를 고안할 수 있다. 나아가 인종, 국가, 직업 등에 따른 뇌의 차이는 어떨까? 성별만으로 구분된 두 집단을 설정하기보다 호르몬 활동성, 신체 크기, 직업 등 세부 항목을 만들어 이러한 요소가 어떻게 뇌의 성차로 이어지는지를 구체적으로 들여다보는 것이다.

뉴로젠더링 네트워크의 일원이자 이스라엘 텔아비브대학의 신경과학자인 다프나 조엘은 서로 중첩되는 부분이 많은 남녀의 뇌를 가리켜 '모자이크 뇌'라는 새로운 개념을 제안한다.[4] 모자이크는 흔히 여성과 남성의 특성으로 구분되는 여러 특징이 한데 뒤섞인 상태가 인간의 뇌라는 점을 강조하는 표현이다. 조엘의 연구팀은 성별로 나뉜 집단이 아니라 개인에 기준을 두고 탐색하는 획기적인 연구 방법을 고안해 성차 연구의 한계를 돌파했다.

4   Daphna Joel et al., "Sex beyond the genitalia: The human brain mosaic," *Proceedings of the National Academy of Sciences* Vol.12 no.50(2015), pp.15468~15473.

2015년 조엘이 이끄는 연구진은 성인 1400명의 뇌 MRI를 근거로 인간의 뇌를 116개 부위로 나누고, 그중 남녀 차이가 가장 큰 상위 10개 부위를 골라 각각 여성형, 남성형으로 분류했다. 연구진이 새롭게 개발한 분석 방법이다. 인간의 뇌에 여성의 뇌와 남성의 뇌라는 구분이 원래부터 존재한다면 남녀의 뇌에서 여성형 부위와 남성형 부위의 성별 분포가 둘 중 하나로 일관되게 관찰되어야 한다. 하지만 그런 일관성을 보인 뇌는 전체 가운데 6퍼센트에 불과했다. 인간의 뇌를 두 성별로 나눌 수 있다고 말하기에는 너무나 적은 수치다. 조엘은 뇌를 정량적으로 측정해 개별 뇌의 차이를 규명하는 자신의 연구가 성별 집단의 차이만을 드러내는 기존 연구보다 더 과학적이라고 주장한다.

과학의 근거로
젠더 신화 허물기

조엘이 내놓은 모자이크 뇌 이론은 뇌에 생물학적 성차가 있다는 주장을 정면으로 반박한다. 최소한 뇌의 영역에서만큼은 화성에서 온 남자와 금성에서 온 여자라는 이분법이 발 디딜 곳이 없어 보인다. 그런데 여자가 여자 뇌를 갖고 남자가 남자 뇌를 갖는 것이 아닌데도 두 성별은 왜 이렇게 달라보일까? 조엘은 성별에 관한 사회문화적 범주인 젠더가 둘로 구분되기 때문이라고 대답한다.[5]

젠더의 힘은 강력하다. 우리가 하는 행동은 상황이나 지위 같은 요소보다 젠더라는 사회적 요소로 설명되는 경우가 많다. 거친 운동을 좋아하고 머리를 짧게 자른 여자아이를 떠올려 보자. 이 아이가 활동적인 놀이를 좋아하기까지 운동선수인 가족의 영향을 받았을 수도 있고, 또래 집단의 영향을 받았을 수도 있다. 누군가 이 아이에게 "여자라면 인형 놀이를 좋아하고 예쁜 머리 장식을 좋아해야지."라고 개입하는 것이 옳을까? "너는 여자아이니까."라고 젠더 정체성을 고정하는 말은 아이의 판단과 행위를 손쉽게 제한한다. 행동이 거칠고 외모에 무심한 아이를 '톰보이'라는 여성의 범주에 넣으면, 그런 자질에 어울리는 쪽은 남자아이라는 고정관념이 강화된다.

하고 싶은 걸 하면서 살아가려는 우리를 고통

---

5   다프나 조엘·루바 비칸스키, 김혜림 옮김, 『젠더 모자이크』(한빛비즈, 2021).

에 빠뜨리는 것은 남녀의 뇌에 새겨진 선천적인 차이가 아니라 각양각색의 모자이크 뇌를 두 가지 색깔 중 하나로 칠하려는 사회적 편견이다. 조엘은 젠더라는 사회적 편견이 '신화'라고 말한다. 이때 신화란 한 사람이 믿는 대상이 현실에 존재하느냐가 아니라, 그가 자신의 믿음을 어떻게 만들어 내는가에 달려 있다.

　젠더라는 신화는 내가 가진 시간과 돈을 어디에 투입할 것인가, 어떤 직업을 선택할 것인가, 무엇을 내 인생의 중요한 가치로 둘 것인가 등 삶의 모든 순간에 개입한다는 점에서 우리의 삶에 강력한 영향력을 미치고 있다. 하지만 이 신화는 지금껏 과학적인 방법론과 언어로 충분히 규명되지 못했다. 젠더에서 자유로운 세상을 만들기 위해서는 신화의 영역에 있는 젠더가 보다 적극적으로 과학의 영역에서 다루어져야 한다. 모두가 각자의 모자이크 뇌로 살아갈 수 있는 세상은 편안하고 즐거울 것이다.

3장

장은 생각한다

장면 하나. 우울증 약을 타러 정신건강의학과에 간 사람의 이야기다. 생리를 앞두고 종종 기분이 가라앉고 의욕이 떨어진다고 증상을 말하자 의사는 항우울제와 함께 소화제를 처방하면서 이렇게 설명했다. "혹시 소화도 잘 안 되지 않나요? 우울증은 장 문제이기도 하다는 최신 연구가 있는데, 아직 분명하게 밝혀지지는 않았지만 저는 관련이 있다ㄱ 봅니다." 의사의 진단을 듣고 환자는 생각했다. '늘 생리 전에 소화가 안 되었는데, 나만 그런 게 아니었구나. 이걸 이제야 알다니.'

　　장면 둘. 아이돌로 일했던 시절을 돌아보며 한 연예인이 이야기한다. 배꼽을 드러내는 무대 의상을 자주 입었던 그는 마를수록 인기가 높아졌다.

사람들이 마른 외모를 더 좋아한다는 생각에 무리한 다이어트를 하던 어느 날, 그는 자기 자신을 돌봐야겠다고 결심했다. 반복되는 폭식증과 거식증에서 벗어나기 위해 식단을 원래대로 돌리고 소화 장애를 치료하기까지는 많은 시간이 걸렸다.

폭식증은 식욕을 참지 못해 음식을 급하게 먹고 토하기를 반복하는 증상이다. 음식 먹기를 아예 거부하는 거식증과 함께 대표적인 섭식 장애로 꼽힌다. 폭식증은 처음에 우울증의 일종으로 여겨졌다. 1970년대에 우울증 약이 폭식증 증상을 완화해 준다는 사실이 밝혀지면서부터다. 하지만 폭식증 환자에게는 주기적인 기분 변화나 성욕 감소, 집중력 저하 등 우울증 환자의 전형적인 증상이 나타나지 않았다.

폭식증이 우울증과 무관하다면 우울증 약은 왜 폭식증 치료에 효과를 보이는 걸까? 이런 의문점을 다루는 한 연구는 우울증 약의 성분이 뇌가 포만감을 느끼는 원리에 관여하므로 폭식증 치료에도 도움을 준다고 설명한다. 이런 설명에는 폭식증을 우울증과 마찬가지로 뇌의 문제로 보는 관점이 반영되어 있다. 그런데 먹는 문제를 뇌 탓으로만 설명할 수 있을까?

우울할 때
소화가 안 되는 이유

생물학은 폭식증과 우울증이 뇌만이 아니라 장의 문제이기도 하다는 사실을 알려 준다. 우울증은 일반적으로 뇌에서 기분 조절 기능을 하는 신경 전달 물질인 세로토닌이 부족한 상황에서 나타난다. 세로토닌은 특정 음식을 먹어서 바로 공급되는 물질이 아니기에 우리 몸이 직접 생산해야 하는데, 세로토닌이 생산되는 과정에 바로 장의 역할이 필수적이다.

우선 장은 세로토닌을 만드는 데 필요한 단백질과 탄수화물을 소화한다. 우리 몸은 단백질을 섭취해 아미노산의 일종이자 세로토닌의 주재료인 트립토판을 공급받는다. 초콜릿, 바나나, 우유, 고기, 생선은 모두 트립토판이 많이 들어간 식품이다. 세로토닌의 재료를 제공하는 단백질과 달리 탄수화물은 세로토닌 수치에 간접적인 영향을 미치며, 그 영향력이 적지 않다.

탄수화물을 많이 먹으면 탄수화물 흡수를 조절하는 호르몬인 인슐린의 분비량이 늘어난다. 이에 따라 혈액이 운반하는 포도당과 아미노산의 양이 줄고, 뇌는 더 많은 트립토판을 받아들여 세로토닌을 대량 생산할 수 있게 된다. 보통 단것을 먹으면 기분이 좋아진다고 느끼는 기제는 이렇게 설명된다.

이때 장은 단지 보조하는 역할만 하지 않는다. 뇌에서 만들어진 세로토닌은 전체의 5퍼센트에 불과하다. 나머지 95퍼센트가 장의 내분비 세포인 장내 크롬친화성 세포에서 만들어진다. 장이 세로토닌 대부분을 생산하고 또 사용한다는 사실은 장과 뇌가 더 근본적인 차원에서 연결되며 그 연결이 상당히 대등하다는 점을 시사한다.

장은 뇌와 척수가 관여하는 중추 신경계와는 별도의 신경계로 장운동을 조절한다. 식도부터 장에 이르는 9미터의 길에는 적게는 2억 개에서 많게는 5억 개나 되는 신경 세포가 분포해 있다. 척수에 퍼져 있는 신경 세포에 버금가는 양이다. 무수히 많은 신경 세포를 가진 장은 우리의 의식과 무관하게 필요한 음식은 소화하고, 위험한 것은 구토나 설사를 통해 밖으로 내보낸다. 미국 컬럼비아대학의 신경생리학자 마이클 거숀은 장이 가진 신경 세포의 규모와 장 신경계의 독자적 능력을 강조하려고 장을 '제2의 뇌'라고 부르기까지 한다.

장에서 자체 생산된 세로토닌은 장 신경계의 다양한 기능을 조절하는 데 사용된다. 세로토닌은 장 신경 세포의 세로토닌 수용체와 결합해 장운동, 내장 감각, 호르몬 분비, 세포 생장 조절 등에 관여한다. 음식을 먹고 포만감을 느끼거나 때때로 통증 또는 불쾌감을 느끼는 것은 장의 세로토닌이 뇌와 연결된 미주 신경에 영향을 주기 때문이다.

장과 뇌의 연결은 최근 장-뇌 축이라고 불리는 이론으로 연구되고 있다. 2011년 쥐 실험으로 장과 뇌를 연결하는 장내 미생물의 역할이 밝혀진 이래 장내 미생물로 장-뇌 축을 이해하려는 연구가 계속돼 왔다. 2014년 영국 과학 주간지 《뉴 사이언티스트》에는 감정과 연관된 생물이라는 의미에서 장내 미생물을 '사이코바이오틱스'라고 명명한 글이 실렸다.[1] 이 글의 저자는 장내 미생물이 세로토닌처럼 기분에 관여하는 신경 전달 물질인 가바(GABA)를 조절해 스트레스를 제거한다고 설명했다. 2015년 국제 학술지 《셀》에는 장내 미생물이 만들어 낸 부산물이 세로토닌 분비량에 영향을 준

---

1 John Cryan & Timothy Dinan, "Psychobiotics: The profound influence of the stomach over the mind," *New Scientist* Vol.221 no.2953(2014), pp.28~29.

다는 연구가 발표됐다.[2] 장내 미생물이 감정과 연관된 신경 전달 물질 생산에 영향을 준다는 사실은 우울증을 비롯해 지금까지 뇌의 문제로 여겨졌던 여러 증상이나 질환을 이해하고 치료하는 데 장 연구가 필요하다는 것을 알려 준다.

느끼고 기억하는 장

미국 에머리대학의 페미니스트 심리학자 엘리자베스 윌슨은 장과 뇌의 연결과 장 신경계의 독자성으로 섭식 장애를 새롭게 이해하려 한다.[3] 그의 표현을 빌리자면 "장은 생각하고 기억하고 느낀다." 장이 뇌에 종속된 장기가 아닌 상당히 발달된 자체 신경계를 가진 기관임을 강조한 표현이다.

윌슨은 1986년 국제 의학 학술지 《란셋》에 실린 한 연구[4]에 소개된 폭식증 환자를 예로 든다. 폭

2   Jessica M. Yano et al., "Indigenous Bacteria from the Gut Microbiota Regulate Host Serotonin Biosynthesis," *Cell* Vol.161 no.2(2015), pp.264~276.

3   Elizabeth A. Wilson, *Gut Feminism*(Duke University Press, 2015).

4   Paul Robinson & Letizia Grossi, "Gag reflex in bulimia nervosa," *The Lancet* Vol.328 (1986), p.221.

식증을 앓는 집단과 그렇지 않은 집단을 나누고, 코나 입을 거쳐 위에 관을 삽입한 연구다. 실험에서 폭식증을 앓지 않는 사람은 10분 이상 헛구역질을 하고 눈물을 흘릴 정도로 고통을 느끼면서 가까스로 관을 넣은 반면 폭식증을 앓는 사람은 대개 아무런 어려움 없이 관을 받아들이는 모습이 관찰됐다. 폭식증 환자는 구토 반사를 일으키지 않은 것이다.

구토 반사란 우리 몸이 이물질이 들어오는 것을 막으려고 무의식적으로 일으키는 반사 작용으로, 보통 목구멍 뒤쪽을 자극할 때 나타난다. 그런데 이 실험에 참여한 폭식증 환자들은 목구멍 뒤쪽을 자극했을 때 구토 반사를 일으키지 않았다. 특이한 점은 일부 환자들이 음료를 마시거나 구토하는 모습을 상상하는 등 전혀 다른 자극으로 자신의 구토 반사를 유도했다는 것이다. 폭식증을 앓는 기간 동안 구역질을 반복적으로 하면서 구토 반사의 조건을 다르게 학습한 결과다.

한번 특정한 방식으로 학습된 구토 반사는 단순히 외부 환경을 바꾸거나 개인이 의지를 갖는다고 해서 쉽게 바뀌지 않는다. 폭식과 구토를 의식적으로 통제하기 힘든 정도에 이르면 인지 행동 치료가 잘 듣지 않는데, 윌슨은 이러한 상태를 두고 "장이 생각하기 시작한다."라고 표현한다. 그렇다면 우울증 약은 우울하고 화난 장을 달래서, 다시 말해 뇌가 아닌 장 신경계에 직접 작용해서 만성 폭식증 환자의 증상을 개선한다고 추측해 볼 수 있다.

우울증 약이 폭식증을 개선하는 생물학적 기제는 아직 정확히 알려져 있지 않다. 그러나 물질과 감정, 먹고 마시는 것과 우울하고 행복한 것이 서로 구분되지 않을 정도로 연결되어 있다는 점은 분명해 보인다. 장내 미생물의 역할까지 밝혀지면 이 연결은 더욱 복잡해질 것이다. 윌슨은 소화, 호흡, 대장 운동, 신경 전달 등 모든 신체 기능을 아우르는 새로운 모델의 가능성을 열어 놓는다. 장과 뇌 사이의 위계적 구분을 전제로 하지 않는 모델은 식이 장애와 기분 장애를 하나의 생물학으로 이해할 수 있다는 제안이다.

폭식증을 치료할
장의 성차 연구

뇌가 아닌 장에 개입해 폭식증을 치료할 수 있다면 우울증은 어떨까. 최근 우울증을 비롯한 정신 질환 전반이 한국 사회에 가시화되고 있으며 그중에서도 20~30대 청년층, 특히 젊은 한국 여성의 우울증 문제가 사회적으로 주목받고 있다. 2021년에는 페미니스트 과학기술학을 전공한 작가 하미나가 우울증을 앓는 31명의 20대 여성을 인터뷰하고 쓴 책 『미쳐있고 괴상하며 오만하고 똑똑한 여자들』이 큰 관심을 받기도 했다.[5] 우울증은 통상 여성이 남성보다 1.5배에서 2배 가까이 많이 경험하는 질환이다. 최근 몇 년 사이에는 코로나 대유행으로 우울감이 커진 젊은 여성의 자살률이 급증했다는 보도가 있었다.[6] 한편 20~30대 여성은 디저트 문화를 가장 적극적으로 향유하는 집단이기도 하다.

단맛을 즐기고 디저트를 먹으며 소소하고 확실한 행복을 추구하는 젊은 여성들의 장은 과연 행복할까? 여성의 장은 섭식 장애 외에도 여러 질환에 시달려 왔는데, 과민성 장 증후군과 같은 기능성 소화 불량을 겪는 여성은 남성보다 특히 많다.[7]

5   하미나, 『미쳐있고 괴상하며 오만하고 똑똑한 여자들』(동아시아, 2021).

6   임재우, 「응급실서 확인한 '조용한 학살' … 20대 여성 자살 시도 34퍼센트 늘었다」, 《한겨레》, 2021년 5월 3일.

7   국민건강보험공단이 2012~2017년 건강 보험 빅 데이터를 분석한 결과, 소화 불량으로 진료를 받은 인원은 남성 24만 6000

소화기 질환의 성차에 주목한 연구는 젠더 혁신 프로젝트의 일환으로 이제 막 시작되고 있다. 2018년 발표된 계명대 의과 대학의 이주엽과 박경식의 연구[8]는 소화기 질환 유병률의 성차를 분석하는데, 이 논문에 따르면 여성 과민성 장 증후군 환자에게서 성적, 신체적, 정서적 학대 경험이 더 빈번하게 나타난다. 여성의 몸에 대한 사회적 기준과 그로부터 오는 스트레스가 과민성 장 증후군의 발현과 관련 있다는 것이다.

장 질환의 종류에 따라 환자의 자기표현이 다르게 나타난다는 연구도 있다. 염증성 장 질환이 있는 여성은 진료 환경에서 주로 분노를 표현하지만, 과민성 장 증후군 여성 환자는 침묵을 택하는 편이다. 서울대분당병원 소화기 내과 교수 김나영은 소화기 질환의 진료와 치료에서 성차를 적극적

명, 여성 37만 명으로 여성이 남성보다 1.5배 많았다. 이 중 20대 여성과 남성은 각각 1165명, 544명으로 세대별 여성·남성 환자 수 차이가 가장 컸다. 이승호, 「지난해 소화불량 진료 인원 62만명…여성이 1.5배 많아」, 《중앙일보》, 2018년 10월 30일, 백수진, 「위궤양 환자 작년 100만 명 … 20대 여성, 남성보다 1.6배 많아」, 《중앙일보》, 2017년 9월 4일.

8   이주엽·박경식, 「기능성 소화기 질환에서의 젠더 차이」, 《대한 소화기학회》 제72권 4호(2018), 163~169쪽.

으로 고려하자고 제안했다.[9]

20~30대 여성의 우울증과 섭식 장애, 식문화의 관계를 본격적으로 연구한 과학은 아직 없다. 그러나 지금까지 연구된 바를 보면 여성의 장은 이 복잡한 관계를 탐구하기에 가장 적절한 신체 기관으로 보인다. 성차를 논할 때 항상 언급되는 생식기나 뇌 대신 장을 보자는 것이다.

장의 성차는 남녀에게 차별적으로 부여되는 역할이나 규범을 정당화하는 생물학적 원인으로 간주되지 않기 때문에 성 역할과 젠더 규범이 인체에 미치는 영향을 오히려 더 잘 보여 줄 수 있다. 소화기 질환이나 우울증처럼 여성이 일상적으로 겪는 고통을 줄이는 효과적인 진단법과 치료법을 만드는 데 기여한다는 실질적인 이득도 명확하다.

폭식증을 앓는 여성 환자의 문제는 장의 생물학적 특징과 젊은 여성이 느끼는 사회문화적 압박 중 어느 한쪽만 보아서는 해결할 수 없다. 젊은 여성들의 문화는 달콤한 디저트를 즐기는 우울한 장과 연결되어 있다. 이미 여성의 장은 더 우울하고 더 예민하며, 이에 대한 처방으로 달콤한 음식이

---

9   김나영, 『소화기 질환에서의 성차의학』(대한의학서적, 2021).

필요하다 판단하고 있다. 이제 장이 알고 있는 것을 과학자들도 알아야 할 때가 왔다. 장과 뇌의 연결에 관한 최신 연구는 물질과 감정을 통합해 이해하는 과학이다. 여성의 경험을 과학 속에서 더 많이 공유한다면 우울한 여성, 먹고 토하는 여성을 위해 할 수 있는 일이 더 많아질 것이다.

4장

신비롭지 않은
임신을 위하여

입덧은 새 생명을 알리는 반가운 신호이자 임신 기간 동안 여성이 겪는 신체 변화의 뚜렷한 시작이다. 임신부의 절반에서 많게는 80퍼센트가 경험하는 흔한 증상인 입덧은 대개 메스꺼움과 구토로 나타난다. 보통 임신 4~5개월 이전에 사라지지만 심한 경우 임신 기간 내내 지속되거나 입원 치료를 해야 하는 등 개인차가 크다.

이렇게 임신부를 괴롭히는 입덧은 흔히 배 속 아기를 보호하기 위한 반응으로 여겨진다. 임신한 여성이 입덧 탓에 음식을 가려 먹으면 태아에게 해로울 수도 있는 물질이 몸 안에 들어올 일을 사전에 차단한다는 논리다. 이에 따라 입덧이 심할수록 건강한 아기를 낳는다는 속설이 전해지기도 하고,

엄마라면 아기를 위해 입덧을 참고 견뎌야 한다는 부담이 임신부에게 가해지기도 한다.

입덧의 메커니즘

임신과 관련된 많은 증상이 그렇듯 입덧의 원인도 아직 정확하게 밝혀지지 않았다. 여러 연구 결과는 입덧이 유산과 조산, 저체중아 출산의 위험을 줄이는 방식으로 임신 결과에 대체로 긍정적인 영향을 미친다고 전한다.

입덧에 대한 일반적 인식은 태아를 중심으로 임신을 이해하는 관점을 반영한다. 하지만 사실 입덧 현상은 임신 기간 동안 여성의 몸에서 자라는 또 다른 존재인 태반과 더 긴밀하게 연결된다. 노화 방지용으로 흔히 쓰이는 태반주사의 태반 맞다. 태반은 통상 무게가 약 350~750그램으로 태아 체중의 약 6분의 1에 해당하는데, 입덧이 가장 심한 시기인 임신 3~4개월에 가장 활발하게 자란다.

지금까지의 의학 연구는 임신 초기 입덧으로 임신부가 음식을 덜 먹게 되는 현상과 태반 발달 사이의 관계를 몸속 호르몬의 수치 변화로 설명한다.[1] 탄수화물 대사를 조절하는 호르몬인 인슐린은 음식물 섭취로 높아진 혈중 포도당 농도를 낮춰 인체의 항상성을 유지한다. 그런데 임신부의 몸속 인슐린은 태반에서 융모성 생식샘자극 호르몬(hCG)이 생성되는 것을 억제하는 역할도 한다. 임신 과정에서 꼭 필요한 물질인 hCG가 작용하면 모체의 구토 중추가 자극되면서 임신부가 음식을 덜 먹게 된다. 인슐린양이 늘어나는 상황을 미리 차단하는 것이다.

음식을 먹으면 인슐린과 구조가 유사한 호르몬인 I형 인슐린 유사 성장 인자(IGF-1)도 분비된다. IGF-1은 임신부가 가진 영양분이 임신부의 체내 조직을 합성하는 쪽에 쓰이도록 기능하므로, 이 물질이 늘어나면 그만큼 태반 발달에 사용할 에너지를 빼앗기게 된다. 따라서 임신부가 음식을 덜 먹도록 함으로써 두 호르몬의 분비량을 줄이는 방식으로 태반 발달에 간접적으로 기여하는 것이 입덧이다.

---

1   Rachel R. Huxley, "Nausea and vomiting in early pregnancy: its role in placental development," *Obstetrics & Gynecology* Vol.95 no.5(2000), pp.779~782.

태반이라는 독특한 존재

임신의 과학 중심에는 바로 이 태반이 있다. 태반은 태아와 함께 생기고 자라며, 출산과 함께 배출되는 장기다. 장기는 특정 기능을 수행하는 기능적 단위를 형성하는 조직의 집합을 가리키는데, 이 정의에 따르면 포유류의 태아 발달에 쓰이는 장기인 태반은 심장, 간, 폐 등 모체의 다른 기관과 다를 바 없다. 그런데 태반은 모체의 일부에 태아의 일부가 결합해 만들어진다는 점에서 분명 독특한 존재다.

임신부의 몸에서 태반이 형성되는 과정을 차례로 살펴보자. 인간의 난자와 정자가 만나 형성된 수정란은 세포 분열을 거듭해 50~100여 개의 세포로 나뉜다. 이 단계에 이른 수정란을 배반포라고 한다. 자궁 쪽으로 이동한 배반포가 자궁 내막에 붙으면 비로소 착상이 이루어진다. 착상한 배반포는 크게 두 부위로 나뉘어 서로 다른 역할을 맡는다. 배반포 안쪽 세포 군집은 태아로 자라고, 세포 군집을 감싸 안은 바깥쪽 세포층인 영양포는 자궁 내막과 융합해 태반을 형성한다.

과거 과학자들은 태반을 모체와 태아 사이에

세워진 장벽으로 보았다. 자궁까지 온 모체의 위험 물질을 아예 통과시키지 않음으로써 태아를 보호하는 것이 태반의 역할이라는 것이다. 이러한 기능적인 인식은 탈리도마이드 사건을 기점으로 산산이 깨진다.[2]

탈리도마이드는 1957년 서독에서 개발된 한 수면제에 포함된 성분 이름이다. 진정제로 개발된 제품이지만 입덧을 완화하는 데에도 효과가 있어 임신부에게 주로 처방되었다. 그러나 1~2년이 지나 이 약을 먹은 임신부 수천 명이 팔다리가 짧거나 아예 사지가 없는 아기를 낳는 참사가 벌어진다. 실제 인간의 태반은 그 어떤 포유류의 태반보다 모체의 자궁에 깊이 밀착되어 있고 막도 얇아서 동물 실험으로는 이 약의 치명적인 부작용을 감지할 수 없었던 것이다.

오늘날 과학은 태반을 모체와 태아 사이에서 필요한 물질을 교환하는 통로로 이해한다. 태반을 일종의 길로 보는 연구는 주로 모체와 태아의 관계성에 초점을 맞추어 이 둘 사이에 어떤 물질이 오

2 Eva-Maria Simms, "Eating one's mother: Female embodiment in a toxic world," *Environmental Ethics* Vol.31 no.3(2009), pp.263~277.

가고 그에 따라 어떤 영향을 주고받는지를 탐색한다.[3] 지금까지 관찰된 사실은 이렇다. 모체는 산소, 포도당, 아미노산, 단백질, 호르몬, 항체처럼 태아에게 도움이 될 물질 외에도 바이러스나 약물 성분, 알코올과 같은 위험한 이물질을 함께 전한다. 태아는 모체에 이산화탄소와 노폐물 등을 전달한다.

나아가 태반은 모체와 태아에게 필요한 물질을 직접 만들기도 한다. 태반의 대사 작용으로 만들어진 물질은 태아의 에너지원과 세포 분열에 필요한 영양분을 제공한다. 융모성 생식샘자극 호르몬, 프로게스테론 등 태반에서 만들어진 호르몬은 임신을 유지하고 태아에게 적합한 자궁 환경을 조성해 준다. 우리가 미처 인식하지 못할 뿐 임신 과정에서 태반의 역할은 임신부와 태아 모두에게 중요하다.[4] 입덧을 포함한 여성의 임신 경험을 과학적으로 이해하려면 태아와 모체를 연결하는 태반에 대한 이해가 필수적이다. 태반이 태아를 보호한

---

3   Moira Howes, "Conceptualizing the maternal-fetal relationship in reproductive immunology," K. Kroker, P.M.H. Mazumdar, & J. E. Keelan (eds.), *Crafting Immunity: Working Histories of Clinical Immunology*(Ashgate, 2008).

4   Maria Fannin, "Placental relations," *Feminist Theory* Vol.15 no.3(2014), pp.289~306.

다는 믿음은 더 철저한 과학으로 규명되어야 한다.

모체와 태아의 긴장 관계

태반의 다재다능함은 또 있다. 태반은 인간의 몸에서 다른 유기체의 DNA가 섞여 있는 유일한 장기다. 태반의 절반은 배우자의 유전 물질이 섞여 생성된 세포로 만들어지기 때문이다.

면역학자들은 태아를 체내에 이식된 장기와 같다고 보고, 모체와 다른 DNA를 가진 배아가 어떻게 자궁에 자리 잡아서 면역 거부 반응 없이 성장하는지 설명하려 했다. 전통적인 면역학은 모체와 태아 각각은 고유한 존재이며, 모체가 태아를 일시적으로 관용하는 것이라고 설명한다. 그러나 여전히 질문이 남는다. 태아가 되기 전 단계인 수정란에서는 왜 모체의 면역계가 작동하지 않을까?

배반포의 외곽 쪽 벽을 이루는 박막 곧 영양포는 모체와 부체 각각의 유전적 혈통이 섞인 결과물이다. 그렇다면 모체는 자신과 다른 기원 쪽에 거부 반응을 일으켜야 한다. 이때 모체의 면역계를 속이는 표식이 있다. 바로 영양포 표면에 자리한 인간 백혈구 항원(HLA)이라는 표식이다. 인간 백혈구 항원은 자기와 자기 아닌 존재를 구분시키는 대표적인 항원으로 인간의 모든 세포와 조직에 존재한다. 그런데 다른 조직의 HLA와 달리 영양포에서 발현되는 HLA는 그 형태가 다양하지 않다. 조직의 기원이 모체이든 부체이든 형태가 거의 동일한 것이다.

이렇게 모체의 면역계는 영양포를 자기의 일부로 인식한다. 이는 모체의 면역계가 잠시 착각하고 있는 것일 뿐 엄밀히 보면 모체와 태아는 여전히 다른 존재다. 따라서 태반이 형성될 때 모체와 태아는 줄곧 면역학적 긴장 관계에 놓인다. 임신부가 경험하는 임신 합병증 중에는 면역 관련 질환이 많다. 모체와 태아 사이에 세포가 교환되면서 1형 당뇨나 신생아 루푸스 증후군과 같은 자가 면역 질환이 생기는 경우가 그렇다.[5] 반대로 류머티즘성 관절염이나 자가 면역 질환이 있던 여성의 4명 중 3명은 임신 기간 중 일시적으로 증상이 호전되기도 한다.[6]

---

5 Adams Waldorf, Kristina M., & J. Lee Nelson, "Autoimmune disease during pregnancy and the microchimerism legacy of pregnancy," *Immunological investigations* Vol.37 no.5~6(2008), pp.631~644.

타인의 DNA가 포함된 태반이 어떻게 모체의 면역계를 통과해 그 일부가 되는지까지는 아직 완전히 밝혀지지 않았다. 만약 이 비밀이 밝혀진다면 자가 면역 질환 외에 장기 이식에서 발생하는 거부 반응 같은 면역계의 오래된 문제를 해결할 방법을 찾을 수 있을지 모른다. 태반은 인간의 면역계를 깊이 이해할 수 있는 열쇠인 셈이다.

태반 연구의 열쇠는
임신한 여성들이다

태아를 중심으로 임신을 이해하는 관점에서는 태반의 중요성이 간과되기 쉽다. 출산 시 배출되는 태반은 일반적으로 의료 폐기물로 분류되어 곧장 버려지거나 때로는 태반 주사제의 원료로 재활용될 따름이다. 태반에 태아를 키우고 남은 영양분과 성장 인자가 포함되어 있다는 이유에서다.

이렇게 현실에서 태아의 영양 공급원 또는 임신 과정에서 생기는 부산물 정도로 취급되는 태반

6   J. Lee Nelson & Monika Østensen, "Pregnancy and rheumatoid arthritis," *Rheumatic disease clinics of North America* Vol.23 no.1(1997), pp.195~212.

이 임신과 태아에 관한 연구에 불러일으킨 영향은 적지 않았다. 1960년대의 입덧 완화제가 일으킨 참사를 기억하자. 1970년대의 연구는 과거 유산 방지 목적으로 널리 쓰인 인공 에스트로겐이 암과 생식기 기형을 유발한다는 사실을 뒤늦게 밝혀내기도 했다.

"태반은 임신 기간 동안 여성과 태아의 건강은 물론 여성과 태아의 평생 건강을 위해 더욱 중요한 기관"이자 "가장 이해받지 못한 인간의 장기"다.[7] 2014년 미국 국립보건원 산하 아동과 인간 발달연구소에서 시작된 인간태반프로젝트 보고서 서문의 말이다. 연구소 소장 앨런 거트마허는 인간태반프로젝트가 출범한 그해 6월 국제 학술지 《사이언스》에 대대적인 태반 연구의 시작을 알리기도 했다. 임신 초기에 태반의 영향력은 특히 커서, 임신 중독증이나 태아 성장 장애의 발병, 나아가 태어난 아이가 성장하면서 겪는 각종 질환과도 밀접한 연관이 있다고 한다. 하지만 그 상관관계를 구체적으

7   Alan E. Guttmacher, Yvonne T. Maddox, & Catherine Y. Spong, "The Human Project: Placental Structure, Development, and Function in Real Time," *Placenta* Vol.35 no.5(2014), p.303.

로 밝힌 연구는 매우 적다.

태반의 중요성을 익히 알고 있던 과학계에서 그 이상의 연구를 진행하지 못한 이유는 무엇일까? 그간의 태반 연구는 다양한 이해관계자들에 의해 산발적으로 수행되었을 뿐 태반 자체를 하나의 장기로 충분히 이론화하지 않았다.[8] 태반 연구는 배아 연구나 태아 연구와는 다르다. 후자는 주로 유산되거나 낙태된 태아 표본을 대상으로 삼기에 태반의 형태나 발달을 연구하기에 부적합하다. 또한 인간의 태반은 다른 포유류의 태반과도 달라 유용한 동물 모델을 찾기도 어렵다. 인간 태반 프로젝트의 일원인 캐나다 토론토대학의 시스템생물학자 브라이언 콕스는 지금껏 태반의 상태가 주로 태아의 출산에 비추어 평가되었다는 점을 지적하며, 태반 자체의 형태학적 특징과 태반 발달 전 과정에 대한 이론적 이해라는 전망을 제시하기도 했다.[9]

인간 태반 프로젝트에서는 태반 연구의 한계

---

8   Sara DiCaglio, "Placental beginnings: Reconfiguring placental development and pregnancy loss in feminist theory," *Feminist Theory* Vol.20 no.3(2019), pp.283~298.

9   Jocelyn Kaiser, "Gearing Up for a Closer Look at the Human Placenta," *Science* Vol.344 no.6188(2014), p.1073.

를 극복할 방편으로 임신 기간 동안 태반을 실시간으로 관찰하는 기술을 개발하자고 제안한다. 이는 사실상 임신한 여성의 동의와 협조가 없다면 불가능한 과제다. 임신 중인 여성이 단순히 연구의 대상이 되기보다 연구 참여자로서 과학자와 함께 태반 연구를 이끌어 갈 필요성과 가능성이 여기에 있다.

출간을 앞두고 이 책의 핵심 내용을 발표하는 자리에서 입덧의 생물학적 기제를 설명하자 한 청중이 질문했다. "남편도 입덧한다고 하는데, 이 경우에 입덧의 원인은 사랑인가요?" 대답은 "그것은 입덧이 아닙니다."였다.

입덧은 임신한 여성의 태반에서 비롯되는 물질적 현상이며, 인류의 절반만이 임신할 수 있는 몸을 가지고 있다. 지금까지 수많은 여성의 임신을 통해 인류가 유지됐음에도 임신은 여전히 신비로운 영역에 맡겨져 있다. 임신에 따른 몸의 변화는 모성으로 감내하기보다 과학으로 이해되어야 할 영역이다. 그 무엇보다 여성의 건강과 삶의 질을 위해 임신은 더 이상 신비로워서는 안 된다.

5장   # 아버지의 역할에
주목하라

여성은 임신 기간 동안 못 먹어도 문제, 잘 먹어도 문제다. 임신부 정기 검진에서 체중은 건강한 임신 여부를 가늠하는 중요한 지표로 쓰인다. 공공 의료 기관이 전문 학회와 협력해 발간한 임산부의 비만 관리 안내 책자는 임신 전의 체중을 기준으로 임신 후 체중이 얼마만큼 증가하는 것이 바람직한지를 구체적인 수치로 제시한다.[1]

　임산부가 체중을 관리해야 하는 이유는 자신과 태아 둘 다의 건강을 위해서다. 임신부의 체중이 임신 전보다 지나치게 늘면 임신성 당뇨병이

1　　국민건강보험공단·대한산부인과학회, 「임산부 비만 관리 가이드」(국민건강보험공단, 2016).

나 임신 중독증에 걸릴 수 있고, 태아가 자궁 내에서 사망하거나 선천성 기형을 앓게 될 위험이 커지기 때문이다. 따라서 임신한 여성은 임신 순간부터 규칙적인 운동과 적절한 식이 요법으로 체중을 관리할 책임을 부여받는다. 어머니의 비만 여부가 곧 태어날 아이의 건강을 좌우한다는 과학 앞에 어머니가 될 여성의 책임은 한없이 무거워진다.

그런데 임산부의 체중 관리가 태아에게 미치는 영향은 아이가 건강하게 태어나는 시점에 그치지 않는다. 의료 기관에서는 임산부의 비만이 아이가 자라는 과정에도 영향을 준다고 설명한다. 어머니가 비만이면 태어날 아이가 성인이 되었을 때 비만과 심혈관 질환, 당뇨병 등과 같은 성인병에 걸릴 확률도 증가한다는 것이다.

보통 '나'의 건강 지표를 따질 때는 부모에게 물려받은 유전자와 지금의 생활 습관 두 측면을 살피기 마련이다. 그런데 성인의 비만 여부가 과거 어머니의 체중 관리에 달려 있다고 보는 것은 의아하다. 어머니가 나를 임신했을 당시 체중이 얼마나 변했느냐는 내가 물려받은 어머니의 유전자와 분명 다른 요소이기 때문이다. 이는 유전자와 생활 습관 외에 비만에 영향을 미치는 제3의 요인이 존재한다는 것을 시사한다.

건강의 기원은
자궁이 아니다

'유전이냐, 환경이냐'는 비만만이 아니라 질병이나
습성의 과학적 원인을 설명할 때 늘 언급되는 두
요소다. 의학적으로 비만은 체내 지방이 필요 이상
으로 쌓인 상태를 말한다. 비만을 연구하는 학자들
은 유전적, 사회적, 환경적 요인 등 비만의 원인을
다방면으로 탐색해 왔다. 비만을 나쁜 생활 습관에
서 비롯된 환경적 요인의 성인병으로 간주하는 학
자가 있다면, 비만에 관여하는 유전자와 그 작동
기제를 분석하는 학자도 있다.

지금까지 누적된 연구 결과를 보면 비만의 유
전학은 그리 간단하지 않다. '비만 유전자'라는 자
극적인 이름으로 알려진 유전자는 많다. 하지만
1장에서 성염색체의 경우로 확인했듯, 한 사람의
비만 여부를 결정하는 단 하나의 유전자는 존재하
지 않는다. 설령 같은 비만 유전자를 가지고 있더
라도 각자의 삶에서 이 유전자가 모두 똑같이 발현
된다는 보장이 없다. 비만이 유전된다는 말은 부모

에게서 비만이라는 질병 자체가 대물림된다는 뜻
이 아니다. 비만을 유발하는 특정한 환경 조건에
얼마나 취약한지를 닮는다고 이해하는 것이 좋다.

　일반적인 비만 연구는 비만을 부모로부터 온
유전자와 현재 그 사람의 몸을 둘러싼 환경, 그러
한 환경에 대처하는 생활 습관 사이에 벌어진 상호
작용의 결과로 본다. 이러한 관점에서 성인기 비만
에 영향을 주는 과거 요인은 부모가 물려준 유전자
뿐이다. 그러나 임신부의 체중이 태아의 미래 비만
여부와 관련 있다는 안내서의 경고는 과거 어머니
의 자궁 환경이 지금 나의 비만에도 영향을 미친다
고 설명한다.

　비만과 같은 만성 질환이 자궁에서 유래한다
는 주장은 1980년대 말 영국의 역학자이자 의사인
데이비드 바커가 처음 제기했다.[2] 주장의 핵심은
자궁 내부의 해로운 환경이 태아의 건강에 영속적
인 영향을 끼칠 수 있다는 것이다. 바커는 임신 기
간 중 여성의 영양 상태가 나쁘면 저체중아를 출산
하거나 태아의 성장이 저해될 수 있고, 태아가 자

2　Megan Warin, "Material feminism, obesity science and
　the limits of discursive critique," *Body & Society* Vol.21
　no.4(2015).

라면서 여러 만성 질환에 취약해질 수도 있다고 했다. 바커 가설 혹은 태아 기원 가설이라고 불리는 이런 주장은 2000년대 이후 태아일 때와 생후 초기에 노출된 환경이 성인기의 건강 상태를 결정한다는 이론으로 일반화되었다.

바커가 주목한 자궁에서의 태아 발달 상태와 일생 경험하는 건강 사이의 관계는 오늘날 발달 가소성과 태아 프로그래밍이라는 개념으로 발전되었다. 발달 가소성은 발달 중인 유기체가 환경에 육체적으로 반응하는 능력을 말하고, 태아 프로그래밍은 신생아 초기까지 형성된 몸이 성인까지도 지속된다는 이론적 개념이다.

이런 장기적인 효과를 보는 태아 프로그래밍 연구는 아이가 태어나서부터 성인기에 이르기까지 최소 20여 년의 추적 기간을 거친다. 임신 중 당뇨를 앓던 어머니와 태어난 아이의 당뇨 여부를 장기 추적한 연구에 따르면 2형 당뇨가 있는 임산부의 아이 44명 중 45퍼센트가 성인기에 당뇨를 겪었는데, 출산 후에 당뇨가 생긴 여성의 아이는 전체 409명 중 9퍼센트만 당뇨에 걸렸다고 한다.[3] 이

3   David J. Pettitt et al., "Congenital susceptibility to NID-

러한 차이는 유전자의 차이만으로는 온전히 설명되지 않는다.

사회와 연결된
임신부의 몸

바커 가설은 성인병의 이해에 획기적인 변화를 가져왔다. 기존 연구에서 성인병은 오직 유전자와 환경 사이의 상호 작용으로 이해되었다. 이미 물려받은 유전자를 바꿀 수는 없는 노릇이니, 의사들은 비만 환자에게 주변 환경과 생활 습관을 개선하라는 말밖에 할 수 없었다. 바커의 이론은 성인병 예방에 앞장서는 연구자들에게 또 다른 시공간을 열었다. 인간의 태아 시기, 그 시기의 공간인 어머니의 자궁이다.

　　어머니의 자궁에서 먼 훗날 아이가 겪을 질병의 기원을 찾는 바커의 주장은 언뜻 여성 개개인에게 임신한 순간부터 다른 한 인간의 평생 건강을 책임져야 한다는 부담을 지우는 것처럼 보인다. 그

DM: role of intrauterine environment," *Diabetes* Vol.37 no.5(1988).

러나 바커는 오히려 태아의 건강에 대한 궁극적인 책임이 어머니가 아닌 사회에게 있다고 보았다. 임신부의 나쁜 건강 상태의 원인을 여성의 사회경제적 위치 즉 사회적 불평등의 문제로 보았기 때문이다.

비커의 주장은 후성유전학이라는 최신 과학이 유전을 이해하는 방식을 잘 보여 준다. 보통 유전적으로 차이가 난다는 말은 각자 부모에게 물려받은 유전자가 다르다는 것을 뜻한다. 그러나 유전자가 같더라도 유전 물질의 효과는 얼마든지 달라질 수 있다. 예를 들어 한 사람의 몸을 구성하는 수십억 개 이상의 세포는 유전자가 모두 같지만, 어떤 유전자가 발현될지는 서로 다르다. 이들 세포는 인체의 각 부위에서 피부 세포, 간세포, 미각 세포 등으로 나뉘어 저마다 다른 기능을 한다.

후성유전학은 이렇게 DNA의 염기 서열은 같지만 유전자 발현이 달라지는 현상을 규명하는 유전학의 한 분야다. 유전자 발현에 관여하는 대표적인 물질은 히스톤이라는 단백질 조각과 메틸기라는 화학 물질이다. 염기 가닥 두 줄이 쌍을 이루어 연결된 기다란 DNA가 둥글고 꼬리 부분이 튀어나온 모양의 히스톤을 휘감으면 DNA는 세포핵 안에 알맞게 압축된다. 메틸기는 메테인 분자에서 수소 원자 하나가 제거된 원자 뭉치의 일종으로, 생체 물질에 붙어 물질의 성질을 변화시킨다. 이 원자 뭉치가 히스톤의 꼬리 부분이나 DNA의 특정 염기에 붙어 물질을 메틸화하면 히스톤 근처 유전자나 메틸기가 붙은 유전자의 발현 양상이 달라진다.

후성유전학이 탐구하는 생물학적 과정은 이처럼 몸속 유전 물질을 변화시키는 몸 밖의 환경적 맥락과 얽혀 있다. 연구 범위가 생물학의 경계 안에 머무르지 않는 후성유전학의 관점에서 한 사람의 건강이 태아기에 결정된다는 말은 어머니의 신체 상태가 태아의 발달을 결정한다는 의미가 아니다. 이는 태아의 발달을 태아가 속한 어머니의 몸, 어머니가 살아가는 시대와 공간, 더 나아가 여성들이 처한 사회문화적·역사적·환경적·정치적 조건까지 확장한다.

1994년 멕시코에서 진행된 건강 연구는 이렇게 확장된 유전학의 의미를 잘 보여 준다. 멕시코시티의 어느 지역 임산부와 아이의 몸에서 다른 곳보다 3~5배 더 높은 수준의 수은이 검출된 일이 있었다. 후성유전학자와 인류학자가 그 원인을 밝히려 투입되었다. 인류학자들은 그 지역 노동자 계급 사람들과 함께 생활하면서 주부들이 식사를 차릴 때 특이한 도자기를 쓴다는 점에 주목했다. 시골에서 도시로 이주한 노동자 계급 가족들은 대대로 이어진 삶의 방식을 지키려 했다. 그 속에서 가사를 도맡은 여자들은 주로 할머니가 만든 수은 유약 도자기를 식기로 사용했다. 임산부의 건강이 세대를 잇는 여성들의 관계와 역사, 문화적 실행과 직결되어 있음을 알 수 있는 대목이다.

이렇게 보면 태아가 자라는 어머니의 자궁은 임신부의 몸 안에 고립되어 있지 않다. 자궁은 임신부의 신체 내부에 있는 생물학적인 공간이면서, 몸 밖에서 들어온 음식과 영양분을 태아에 전달하는 기관이기도 하다. 자궁 속 태아는 어머니를 둘러싼 환경의 영향도 받는다. 빈곤한 노동자 가정의 일원으로 영양 섭취가 부실한 상황, 오랜 역사와 문화의 영향으로 수은이 발린 식기로 매일 식사하는 환경은 여성 한 사람의 무책임한 선택으로 돌릴 수 없다. 임신부의 몸 관리를 그가 처한 사회적 환경의 문제와 나란히 보는 바커 가설과 후성유전학의 관점은 여성의 사회경제적 지위 향상을 요구하는 페미니즘과 맞닿으며, 사회 구성원 모두의 건강을 위해 꼭 필요하다.

아버지는 무엇을 하는가

2014년 3월과 8월, 국제 학술지 《네이처》에는 강렬한 제목의 기고문이 두 편 실렸다.[4] 「아빠의 죄」는 환경적 요인의 영향을 받아 변화한 동물의 정자 속 DNA가 자손에게 대물림된다는 사실을 밝혔고, 「엄마를 탓하지 말라」는 건강과 질병의 태아 기원에 관한 연구가 어머니에 대한 비난으로 흐르는 현실을 고발한다. 두 글은 세간에 알려진 바와 달리 아버지가 겪은 환경과 생활 습관 역시 태어날 아이의 건강과 질병에 영향을 미친다는 점을 지적한다.

직접 임신을 하지 않는 남성의 경우, 유전학적 영향만 분리하기 쉬우므로 후성유전학적 표지의 변화를 더 잘 관찰할 수 있다. 흥미로운 지점은 DNA 메틸화로 대표되는 후성유전학적 표지가 세대를 거쳐 전달된다는 사실이다. 지금까지 밝혀진

---

4   Sarah S. Richardson et al., "Society: don't blame the mothers," *Nature* Vol.512 no.7513(2014); Virginia Hughes, "Epigenetics: the sins of the father," *Nature* Vol.507 no.7490(2014).

바에 따르면 남성이 경험하는 환경이나 남성의 생활 습관은 정자 속 DNA의 메틸화 양상을 변화시키고, 이 변화가 수정된 배아는 물론 그 배아가 태어나 생산하는 생식 세포까지 전달된다. 일반적으로 정자와 난자 등 생식 세포의 유전 물질이 메틸화된 흔적은 수정란이 생성될 때 상당 부분 제거된다. 그러나 메틸화가 강하게 일어난 일부 유전자의 흔적은 다음 세대까지 이어진다.

후성유전학의 기제는 아직 명확히 규명되지 않았지만 아버지의 식습관이나 생애 경험이 태어날 아이의 비만에 영향을 줄 수 있다는 점은 부인하기 어려워 보인다. 2005년에 자녀가 있는 남성 166명을 대상으로 진행된 한 연구는 11세 이전부터 흡연한 남성의 아이가 과체중일 가능성이 두드러진다고 전한다.[5] 또한 2010년에 발표된 동물 실험은 고지방 먹이를 먹은 수컷 쥐의 새끼가 췌장 세포 DNA의 메틸화 이상으로 체중이 늘어났다고 분석한다.[6]

5   Marcus E. Pembrey et al., "Sex-specific, male-line transgenerational responses in humans," *European Journal of Human Genetics* Vol.14 no.2(2006).

6   Sheau-Fang, Ng. et al., "Chronic high-fat diet in fathers

2015년 국제 학술지 《셀 메타볼리즘》에 실린 연구는 특히 눈여겨볼 만하다.[7] 덴마크 코펜하겐 대학의 로메인 바레스 박사가 이끄는 연구팀은 비만 치료를 위해 위 수술을 받은 남성 6명을 대상으로 수술 전과 수술 1년 후 사이 정자의 변화를 살폈다. 피험자들이 위 수술로 체중 감량을 했을 때 정자의 유전자가 어떻게 변화했는지를 분석한 결과, 체중이 줄어든 남성의 정자 유전자에서 식욕 조절에 관여하는 부위를 중심으로 메틸화가 다수 진행된 것이 확인됐다. 변화 속도 또한 예상보다 빨랐다. 피험자가 수술한 지 일주일 만에 유전자 1509개에서 메틸화 양상이 달라졌으며, 일 년 후에는 그보다 두 배를 훌쩍 넘는 유전자 3910개에서 메틸화 변화가 발견됐다.

비만 연구는 현재 진행형이다. 신생 학문인 후성유전학은 아직 밝혀지지 않거나 논쟁적인 부분이 특히 많다. 그럼에도 이 분야의 최신 연구는 유

programs β-cell dysfunction in female rat offspring," *Nature* Vol.467 no.963~966(2010).

7   Ida Donkin et al., "Obesity and bariatric surgery drive epigenetic variation of spermatozoa in humans," *Cell Metabolism* Vol.23 no.2(2016).

전자와 환경이 생각보다 더 복잡하고 밀접하게 상호 작용하며 개인의 건강을 결정한다는 사실을 일깨운다. 무엇보다 지금껏 유전자를 전달하는 역할만 담당한 남성에게 태어날 아이의 건강을 위한 새로운 임무가 부여된 점은 의미심장하다. 나의 몸은 어머니의 자궁 밖 아버지의 삶과도 연결되어 있다.

6장   난자 냉동을
둘러싼 문제

2014년 글로벌 IT 기업 페이스북과 구글은 여성 직원을 대상으로 난자 냉동 비용을 지원하는 사내 복지 정책을 시작했다. 남성 비율이 높은 IT 업계에서 여성이 아이를 낳고 키우느라 받는 경력상 불이익을 방지하겠다는 취지다.

엄마가 될 것인가, 일에 전념할 것인가. 많은 20~30대 여성은 둘 중 하나를 선택해야 한다는 압박을 받는다. 난자 냉동 기술은 일하는 여성에게 아이 낳기를 포기하지 않으면서도 직업적 성취를 추구할 수 있는 길을 열어 준다는 기대를 불러일으킨다. 비판의 목소리도 있다. 국가와 기업의 지원 정책이 남성 친화적인 기업 문화나 여성의 모성을 당연시하는 사회 인식은 건드리지 않는 임시방편에 불과하다는 지적이다.

임신 시점을 조절하는 기술

난자 냉동은 가장 최근 등장한 보조 생식 기술 중 하나다. 보조 생식 기술이란 인간의 생식 과정에 개입해 임신 및 출산의 수행을 보조하는 기술적 수단을 통칭하는 말이다. 좁게는 의료 기관에서 불임 상태인 남녀에게 임신을 가능하게 하는 데 동원되는 기술을, 넓게는 임신과 출산을 더욱 안전하고 개선된 방식으로 하도록 고안된 모든 기술을 가리킨다.

보조 생식 기술을 적용할 때 여성의 몸 안에서 일어나는 일련의 생식 과정은 배란, 수정, 임신, 분만 등 여러 단계로 분리된다. 대표적인 불임 치료 기술인 시험관 시술은 배란과 수정 단계에 개입한다. 과배란 유도 주사를 맞은 여성은 난자를 한 번에 여러 개 배출하는데, 시술자는 숙련된 손 기술로 각각의 난자를 건강한 정자와 수정시켜 다시 여성의 몸에 집어넣는다. 난자가 배란되는 시기에 개입해서 미래에 일어날 배란과 수정을 한꺼번에 하는 방식이다.

이와 달리 난자 냉동은 서로 다른 생식 단계 사이에 시간적 단절을 만든다. 배란된 난자를 얼려 두었다가 미래의 어느 시점에 해동하는 기술은 현재보다 더 적절한 시점에 수정과 임신을 할 수 있도록 시간을 늦추어 준다.

난자를 얼리는 행위는 임신을 할 수 있는 능력 곧 가임력을 동결하는 것이기도 하다. 본래 난자 냉동은 조기 폐경이 예상되거나 항암 치료를 받아 가임력이 손상될 가능성이 있는 여성을 위한 기술이었다. 그런데 요즘은 의학적으로 임신에 문제가 없는 여성도 난자 냉동을 고려하는데, 이는 여성 신체의 생물학적 노화에 따라 가임력이 감소하기 때문이다. 가임력은 여성이 태아일 때부터 갖고 있던 원시 난포의 양과 질을 척도로 측정한다. 여러 연구 결과는 여성이 나이가 들수록 원시 난포의 수가 감소할 뿐 아니라 원시 난포가 분열하며 형성되는 난모세포의 질이 떨어진다는 점을 알려 준다.

사회적 난자 냉동

난자 냉동은 비교적 최근에 대중에게 알려졌다. 인간의 난자를 동결시키기가 기술적으로 쉽지 않았던 탓이다. 인간의 정자 냉동이 1950년대에 일찍이 성공했다면 난자 냉동은 1980년대 초에야 시도됐으며 그마저도 기존 기술로는 좋은 결과를 얻지 못했다. 생식 세포 냉동 기술을 개발할 때 정자가 난자보다 선호되고 더 빨리 성과를 낸 이유는 두 세포의 수분량 차이 때문이다.

생체 냉동 기술의 핵심은 세포 내부의 물 분자가 얼면서 생기는 뾰족한 얼음 결정이 세포를 손상시키지 않도록 결정체의 크기를 최대한 작게 만드는 데 있다. 정자를 얼릴 때는 세포의 물을 서서히 빼내고 동결 억제제로 그 자리를 대체하는 과정을 반복하며 온도를 천천히 낮춘다. 완만 동결법이라고 불리는 이 방식은 물을 대신해 동결 억제제의 농도를 서서히 높이므로 얼음 결정을 만들지 않으면서 안전하게 정자를 냉동시킨다. 정자보다 부피가 훨씬 크고 물이 세포의 80퍼센트 이상을 차지하는 난자는 같은 방식으로 수분을 완전히 제거하지 못한다. 완만 동결법을 적용한 난자는 얼음 결정으로 손상되기에 해동시켜 다시 사용할 수 없다. 이렇게 얼린 난자로 임신에 성공하더라도, 배아가 발달하는 과정에서 종종 예기치 못한 문제가 발생했다.

냉동 난자의 질은 1990년대 말 유리화 동결이

라는 신기술이 개발되며 극적으로 변했다. 유리화 동결은 난자의 물을 제거하는 대신 고농도 동결 억제제를 넣은 액체 질소를 이용해 10초 이내의 짧은 시간 동안 온도를 빠르게 낮추는 방법이다. 이 방법을 이용하면 난자 속 물은 얼음이 생겨 뿌옇게 보이는 고체 결정 상태가 아니라 마치 투명한 유리처럼 액체이면서 동시에 고체인 상태가 된다. 새로운 동결 방법은 냉동 시간을 단축한 것은 물론 기존 기술에서 40~60퍼센트에 불과했던 난자 생존율을 80~90퍼센트 수준까지 끌어올렸다.[1]

유리화 동결이라는 혁신적인 도약이 일어났음에도 실제로 사람들이 이 기술을 사용한 시점은 한참 뒤였다. 미국 생식 의학 협회는 난자 냉동에 관한 연구 결과가 충분히 쌓이지 않았다는 이유로 오랜 기간 난자 냉동을 금지했다. 미국에서는 이 금지 조치가 해제된 2012년 이후부터 난자 냉동 시술이 시작됐다. 2000년대 초부터 난자 냉동이 시작된 우리나라에서는 의학적 목적의 난자 냉동과 구분되는 사회적 난자 냉동이 2015년부터 본격화

---

1   차병원, 「1999년 오늘(8월 7일) 세계 최초, 차병원에서 '유리화 난자 동결법' 이용한 아기 출생」, 2017년 8월 8일.

됐다. 사회적 난자 냉동이란 여성이 노화의 결과로 가임력이 차차 감소한다는 전제에서 출발해, 가임력이 높은 지금의 난자를 얼려 두고 실제 임신 시점은 미루는 현상을 말한다. 2020년 국내에서 가장 큰 난자 은행을 보유한 병원을 취재했는데, 이 병원에서 난자를 얼린 내원자의 90퍼센트 이상이 사회적 동기로 가임력을 보존하려는 30대 여성인 것으로 나타났다.[2]

난자 냉동 시술의
실제 효용은 낮다

여성에게 20~30대는 한창 경력의 사다리를 오르는 시기이면서 아이를 가질 수 있는 능력에 큰 변화가 생기는 시기다. 전문가들은 대략 35세를 기점으로 여성이 가임력이 떨어지기 시작한다고 말한다. 가임력이 감소하기 전에 질 좋은 난자를 미리 냉동해 두었다가 30대 중반 이후 안정된 경력과 좋은 배우자를 얻었을 때 그 난자를 꺼내 임신한다는

---

2   최연수·김지아, 「[밀실] 난자 냉동 90퍼센트 미혼녀······ 정부 지원? 내돈 300만 원 낸다」, 《중앙일보》, 2020년 2월 20일.

것이 냉동 난자 산업이 제안하는 시나리오다. 그러나 이 시나리오에는 허점이 많다.

한국에서 사회적 난자 냉동 시술 사례가 늘어난 것은 극히 최근의 일이다. 국내 한 병원이 보유한 동결 난자 수는 2014년까지 최대 30개 초반 남짓이었으나 2015년에 71개로 두 배가 뛰고 2018년에는 4563개까지 치솟았다.[3] 2014년에 20명이었던 난자 냉동 고객은 2017년 194명으로 증가했다. 한 조사에 따르면 2013~2015년 난자를 동결한 한국 여성들의 62퍼센트가 늦은 결혼 및 출산에 대비한다는 사회적 동기를 갖고 있었다고 한다.[4] 그런데 늦게라도 임신을 하겠다고 마음먹은 일하는 여자들의 진짜 속마음은 무엇일까?

고학력 미혼 여성들이 일에 매진하고자 지금 임신하는 대신 난자 냉동을 선택한다는 인식은 여성이 일터에서 성공하려면 무릇 그렇게 해야 한다는 당위적인 메시지를 내세우는 난자 냉동의 상업화와 함께 시작되었다. 2014년 "당신의 미래를 소

3   김잔디, 「내 난자 몇개 남았지…… '언젠가' 낳겠다는 여성, 난자 냉동 급증」, 《연합뉴스》, 2020년 11월 22일.
4   엄경철, 「'미래 아이' 위해 '난자 냉동' 늘지만」, 《KBS뉴스》, 2016년 2월 26일.

유하라!"라는 광고 문구를 내건 미국의 한 상업 의료 회사는 뉴욕의 고급 호텔에 전문직 여성 수백 명을 초대해 '난자 냉동 파티'를 열었다. 이러한 마케팅 전략은 전문직 여성들이 가정보다 일을 중시해서 난자 냉동을 택한다는 이미지를 만드는 데 일조했다.

한편 난자 냉동을 선택한 미국과 유럽 여성들의 구체적인 동기를 조사한 연구를 보자. 미국의 한 병원이 난자 냉동 시술을 받은 여성에게 시술 동기를 묻자 중복 답변을 한 응답자의 88퍼센트가 '현재 파트너가 없어서'라고 답했다. '경력 유지'라고 대답한 사람은 24퍼센트에 그쳤다.[5] 일하는 여성이 난자 냉동을 택하는 이유는 경력을 중요시해서가 아니라 좋은 결혼 상대가 없기 때문이었다. 실제로 난자 냉동을 고민하는 경우는 고소득 전문직 종사자보다 금전적으로 안정되지 않은 상황의 여성들이 많다는 연구도 있다.[6]

5   Brooke Hodes-Wertz et al., "What do reproductive-age women who undergo oocyte cryopreservation think about the process as a means to preserve fertility?," *Fertility and Sterility* Vol.100 no.5(2013).

6   Yael Hashiloni-Dolev et al., "Gamete preservation: knowledge, concerns and intentions of Israeli and Danish students

냉동 난자의 실제 이용률이 높지 않다는 연구 결과도 있다. 현재의 냉동 난자 기술이 '신선한 난자'만큼 높은 수정 확률을 보장하더라도, 이렇게 얼린 난자가 결국 실제 임신에 사용되지 않는다면 기술의 효용은 크지 않다고 봐야 할 것이다. 주로 미국과 유럽에서 이루어진 연구들에 따르면 냉동 난자를 실제로 쓰는 비율은 고작 3.1~9.3퍼센트에 그친다.[7]

이러한 현상은 결혼 적령기 여성의 나이를 둘러싼 복잡한 상황과 통한다. 20대 중반에서 30대 초반 즈음에 질 좋은 난자를 얼려 두고 35세에 원하던 상대를 만나 결혼한 여성이 있다면, 가임력이 조금 떨어진 것을 감수하고서도 자연 임신을 시도하지 굳이 얼려 둔 난자를 꺼내 쓰지는 않을 것이다. 그런데 얼려 둔 난자를 사용해야 할 만큼 나이가 많은 여성은 지금의 결혼 문화에서 결혼할 만한 좋은 남성을 만날 확률이 낮다. 과배란 주사까

regarding egg and sperm freezing," *Reproductive Biomedicine Online* Vol.41 no.5(2020).

7   Zion Ben-Rafael, "The dilemma of social oocyte freezing: usage rate is too low to make it cost-effective," *Reproductive Biomedicine Online* Vol.37 no.4(2018).

지 맞으며 어렵게 뽑아낸 난자들은 밀폐된 보관 장치를 영영 나오지 못하거나 시간이 지나 폐기되고 만다.

남성을 위한
정자 냉동은 없다

난자 냉동 시나리오의 가장 큰 한계는 아이를 가지는 과정에서 남성의 역할이 완전히 배제되어 있다는 점이다. 남성을 위한 정자 냉동 시나리오는 없다. 정자도 임신에 꼭 필요한 생식 세포이며, 정자 냉동이 난자 냉동보다 기술적으로 훨씬 일찍 개발되었는데도 말이다. 항암 치료를 앞둔 남성이 가임력을 보존하려 의학적 목적의 정자 냉동 시술을 받기도 하지만 사회적 동기에 의한 정자 냉동은 이제껏 한 번도 사회적 난자 냉동만큼 관심을 받은 적이 없다.

남녀의 생식 세포 모두 노화의 영향을 받는다. 남성의 나이가 들수록 정자의 질이 떨어지고 가임력이 감소한다는 연구는 많다. 자녀의 자폐 스펙트럼 장애와 조현병 등이 아버지의 나이와 연관 있다고 밝힌 한 연구는 자녀의 유전자에서 돌연변이가 일어나는 빈도가 아버지의 나이에 비례해 늘어난다고 설명한다.[8] 어머니에게 물려받은 유전자에서 일어나는 변이가 여성의 나이와 무관하게 15개인 것과 대조적으로, 아버지에게 물려받은 유전자에서 일어나는 변이는 남성의 나이가 20세일 때 25개, 40세일 때 65개 등으로 증가한다.

이와 같은 연구 결과에 있음에도 남성의 나이와 가임력 사이의 관계에 대한 남성의 자기 인식은 턱없이 부족하다. 2020년 유럽 남성을 대상으로 진행된 연구에서 참가자의 약 75퍼센트는 생물학적 노화와 남성 가임력의 관계를 인정하지 않거나 이에 관한 내용을 잘 알지 못한다고 답했다.[9] 또 80퍼센트 이상이 정자 냉동 기술에 대해 부정적인 반응을 보이거나 잘 모른다고 응답했다. 이들은 정자 냉동이 정자에 대한 자신의 통제력을 빼앗는다고 보았으며, 냉동된 정자가 악용될 소지나 정자 냉동 기술의 부작용 등을 우려하기도 했다. 미래의

---

8   Augustine Kong et al., "Rate of de novo mutations and the importance of father's age to disease risk," *Nature* Vol.488 no.7412(2012).

9   Caroline Law, "Biologically infallible? Men's views on male age related fertility decline and sperm freezing," *Sociology of Health & Illness* Vol.42 no.6(2020).

가임력을 걱정하는 여성이 난자 냉동이라는 보험을 드는 것과 달리 자신의 가임력을 확신하는 남성에게 정자 냉동은 고민할 필요조차 없는 기술로 인식됐다. 보조 생식 기술 논의에서 가장 시급한 일은 남성의 몸과 정자에도 생물학의 시계가 작동한다는 당연한 사실을 우리 모두가 인식하는 것이다.

의학적인 목적이 아닌 난자 냉동이 시작된 지 이제 10년이 되어 간다. 데이터가 충분히 축적되기에는 짧은 시간이다. 고농도의 동결 억제제를 사용해 얼린 난자에서 태어난 아이에게 문제는 없는지, 호르몬 주사로 과배란을 유도하는 난자 채취 과정이 여성의 몸에 주는 부담과 위험을 어떻게 완화하거나 예방할지, 냉동 난자가 어떻게 사후 처리되고 관리되는지 등에 관한 과학적 검증과 정책적 논의는 아직 부족하다.

21세기에 등장한 신기술인 난자 냉동은 지난 세기 개발된 피임약에 버금가는 여성 해방의 도구로 부상하고 있다. 이제 여성은 원치 않는 임신을 피하는 기술만이 아니라 임신을 원하는 시기를 미루는 기술까지 갖게 됐다. 다만 여성이 기술의 소비자가 되어 생물학과 사회의 속박에서 해방된다는 시나리오는 전혀 새롭지 않다. 보조 생식 기술에 대한 다른 시나리오가 필요하다. 분명한 점은 그 시나리오의 주인공으로 반드시 남성이 함께 등장해야 한다는 사실이다.

7장   **차별하지 않는
인공지능 만들기**

2021년 초 한국 IT 스타트업 기업에서 출시한 여성형 챗봇 서비스가 혐오와 차별 발언으로 논란을 일으켰다. 챗봇이란 인공지능 알고리즘에 따라 인간 이용자의 말에 응대하는 채팅 로봇으로, 대화형 인공지능으로도 불린다. 20대 여성의 외양으로 디자인된 챗봇 '이루다'는 친구 같은 인공지능이라는 콘셉트로 기획됐다. 그런데 서비스가 출시된 지 얼마 지나지 않아 남성 이용자들이 이루다와 성적인 대화를 하는 '팁'을 온라인에 공유하기 시작했다. 이루다가 여성과 성소수자, 장애인에 대한 생각을 묻는 질문에 혐오 발언으로 대답하는 상황도 벌어졌다.

챗봇 이루다를 둘러싼 혐오와 차별 발언 논란

은 서비스 개발 과정에 이용자의 동의를 충분히 구하지 않은 데이터가 사용됐다는 폭로로 이어졌다. 결국 이 서비스는 출시 20여 일 만에 중단됐고, 인공지능 윤리를 둘러싼 논의로 이어졌다.

인간을 따라 하는 인공지능

인간이 아닌 기계가 어떻게 혐오와 차별 발언을 하게 되었을까? 먼저 인공지능이라는 기술의 작동 방식을 파악해 보자.

인공지능은 인간의 지능을 닮은 기계로, 기계학습(machine learning)은 이러한 기계를 구현하는 방식 중 하나다. 기계 학습 방식을 따르는 기계는 주어진 데이터를 학습해 일정한 규칙을 찾고, 이 규칙을 새로운 데이터에 적용해 결과를 도출함으로써 인간의 학습 및 추론 능력을 구현한다. 이때 기계가 데이터를 분석하고 학습하는 데 필요한 특정 절차나 방법을 알고리즘이라고 부른다. 이루다는 특정한 방식으로 설계된 기계 학습 알고리즘에 따라 데이터를 익혀 인간처럼 대화하는 인공지능이다. 대화형 인공지능에는 주로 인간의 언어를 분석하고 처리하는 자연어 처리 알고리즘과, 주어진 데이터를 활용해 학습 목표에 맞는 규칙을 스스로 찾는 딥 러닝 알고리즘이 적용된다.

이루다의 경우 막대한 대화 데이터에서 답변 후보 여러 개를 선별하고 단 하나의 답변을 골라내는 과정에 딥 러닝 알고리즘이 적용됐다. 이 알고리즘은 전체 데이터베이스와 학습 과정에 사용된 데이터, 서비스 이용자와의 이전 대화 기록까지 모두 분석한 후 가장 자연스러운 답변을 내놓도록 짜여 있다. 딥 러닝 알고리즘을 따르는 인공지능은 평소 주어진 데이터와 목표에 따라 스스로 학습하고, 이용자가 어떤 대답을 요구하면 학습 과정에서 형성된 규칙에 근거해 답을 내놓는다. 주어진 데이터에 근거해 통계적으로 형성되는 인공지능의 규칙에 인간 개발자의 의도나 편견이 끼어들 여지는 없다. 이루다의 혐오와 차별 발언은 인간 개발자가 제공한 막대한 대화 데이터를 익히면서 이루다가 구축한 규칙에 따라 제시된 것이다.

이루다처럼 데이터베이스에서 답변을 고르는 방식이 아닌, 알고리즘으로 직접 생성하는 모델은 어떨까? 구글이 개발한 챗봇 미나는 바로 이런 형태의 인공지능이다. 미나는 26억 개의 매개 변수가 있는 신경망으로 400억 개의 단어를 훈련했는데,

전체 학습 데이터가 정해져 있던 이루다와 달리 이용자와 새로 대화를 나누며 학습 데이터를 늘리기도 했다.

구글은 대화형 인공지능이 내놓는 답변이나 문장이 '얼마나 말이 되는가'와 '얼마나 구체적인가'를 기준으로 인공지능의 대화 능력을 평가하는 지표를 개발했다. 예를 들어 "나는 과학을 좋아해."라는 인간의 말에 인공지능이 "와, 멋지다."라고 답하는 상황은 대화로 성립하기는 하지만 답변이 구체적이지 않기 때문에 높은 점수를 받지 못한다. "나도 과학을 좋아해. 그런데 과학자가 될 정도는 아니야." 쪽이 상황과 어울리는 답으로 더 높은 점수를 받는다. 인간은 이 지표에서 100점 만점에 86점을, 미나는 79점을 기록했다.[1]

이 수치만 보면 미나는 인간과 큰 문제 없이 대화할 수 있어 보인다. 하지만 구글은 아직 이 서비스를 대중에게 공개하지 않고 있다. 지표상의 점수는 나쁘지 않더라도 인공지능이 사용되는 실제 현실에서는 예기치 못한 일이 벌어질 수 있다. 같

1   Daniel Adiwardana & Thang Luong, "Towards a Conversational Agent that Can Chat About…Anything," *Google AI Blog*, 2020년 1월 28일.

은 지표에 따른 이루다의 점수는 미나보다 1점 적은 78점이었다. 답변을 직접 생성하는 모델이든 데이터베이스에서 고르는 모델이든 모든 인공지능이 인간이 만든 방대한 데이터로 훈련된다는 점을 고려하면 인공지능 챗봇은 혐오나 차별 발언의 위험에서 자유롭지 못하다.

이루다의 혐오 발언은 이루다가 학습한 실제 세계의 대화 데이터에서 나왔다. 이루다의 개발사는 이루다 이전에 연인 간 카카오톡 대화를 분석해 주는 서비스를 출시해 약 100억 건의 대화 데이터를 보유하고 있었고, 이 데이터를 이루다의 학습 자료로 썼다. 통제와 검열에서 비교적 자유로운 연인 사이의 일상 대화는 혐오와 차별 발언이 포함될 소지가 다분하다. 사회적 약자를 혐오하는 사회의 데이터로 학습한 인공지능은 혐오 발언을 할 수밖에 없다.

사람들은 모두 자신만의 편향에 따라 말하고 행동한다. 그런데 인공지능에는 왜 이렇게 엄격한 기준을 적용해야 할까? 몇 명의 사람이 나누는 사적인 대화보다 대화형 인공지능 서비스 하나가 지닌 사회적 영향력이 월등히 크기 때문이다. 2주 동안 이루다와 한 번이라도 대화한 사용자는 75만 명에 이른다. 인공지능 서비스의 어마어마한 파급력을 확인한 한국 사회는 인공지능의 차별과 혐오 문제를 다시 보게 되었다.

인공지능에게는
인공 알고리즘이 필요하다

인공지능 챗봇을 개발할 때 고려할 사항은 데이터 외에 더 있다. 딥 러닝 알고리즘이 스스로 규칙을 찾을 때 반드시 따라야 하는 것, 바로 학습 목표다.

이루다가 애초부터 친구 같은 인공지능을 지향해 만들어졌다는 점에 주목하자. 자연어 처리 알고리즘을 사용하는 대화형 인공지능은 크게 두 유형으로 나뉜다. 하나는 이용자의 요구 사항을 파악해 해결하는 목적 지향 대화형 인공지능, 다른 하나는 주제 제한 없이 이용자와 계속 대화를 이어가는 것이 중요한 자유 발화 대화형 인공지능이다. 후자에 해당하는 이루다는 이용자의 친구가 된 듯 자연스러운 대화를 구현한다는 목표를 따랐다.

이루다가 일으킨 문제는 인간처럼 자연스러운 대화를 하려는 학습 목표에서 예견된 것이기도 하다. 혐오와 차별이 공공연히 일어나는 실제 대화 데이터를 인공지능 알고리즘에 제공한 후 최대한 인간이 할 법한 답변을 찾도록 학습 목표를 설정했을 때, 알고리즘은 이러한 발언을 배제하는 규칙을 찾을 수 있을까? 그런 인공지능은 예외적일 것이다. 마치 우리 주변에서 혐오와 차별이 포함된 발언과 행위를 전혀 하지 않는 사람을 찾기 어렵듯이 말이다.

그렇다면 인공지능이 인간과 비슷해지는 것을 목표로 삼지 않는 쪽은 어떨까? 2016년 미국 카네기멜론대학 아티큐랩이 만든 가상 비서 챗봇 사라는 다른 목표를 가진 대화형 인공지능을 상상해 볼 수 있는 좋은 사례다. '사회성 있는 로봇 어시스턴트(the Socially Aware Robot Assistant)'의 줄임말을 따 이름 지어진 사라는 다보스 세계 경제 포럼에서 행사 안내를 돕기도 했다. 평범한 행사 안내용 챗봇처럼 보이는 이 인공지능은 '친구 같은 인공지능'이라는 목표에서 벗어나 대화형 인공지능의 새로운 가능성을 보인다.

사라는 이용자의 요구 사항을 해결하는 목적지향 대화형 인공지능임에도 고도의 사회성을 추구한다. 아티큐랩의 연구자들은 이용자가 편안한 대화 속에서 정보를 얻을 수 있도록 사라의 사회성을 높이는 작업에 집중했다. 이용자와 가상 비서의 관계가 매끄럽게 형성되어야 가상 비서의 업무 수행성을 높일 수 있다는 판단에서다.[2] 사라는 인간의 친구가 되기 위해서가 아니라 유능한 비서가 되기 위해 사회성을 길렀다.

사라의 데이터와 알고리즘에는 두 가지 특징이 있다. 우선 사라는 통제된 상황과 특수한 목적하에 이루어진 인간의 대화 데이터, 말하자면 '인공 데이터'로 학습을 했다. 연구자들은 처음 보는 두 사람이 조금씩 친해지며 서로 수학을 가르치는 실험을 설계했다. 두 사람이 나누는 대화는 물론 시선, 미소, 고갯짓 같은 비언어적 상호 작용을 모두 사라의 학습 데이터로 사용했다. 사라와 인간 사용자 사이의 관계를 최대한 비슷하게 재현한 두 인간의 상호 작용을 데이터화한 것이다. 또한 사라는 연구자들이 설정한 특수한 전략을 따랐다. 연구팀은 인간의 사회적 행동을 오랜 기간 관찰한 인류학 연구를 바탕 삼아 사회적 관계를 형성하는 대화의 다섯 가지 기본 전략을 도출했다. 행사 참가자가

2   Florian Pecune et al., "Field trial analysis of socially aware robot assistant," *Proceedings of the 17th International Conference on Autonomous Agents and Multiagent Systems* (2018).

사라에게 어떤 정보를 요청하면 사라는 그가 원하는 정보에 더해 정보활용법까지 제안한다. 참가자에게 발표장 위치 정보를 알려 주면서 "저는 정보를 적어 두지 않으면 기억을 잘 못하거든요. 당신도 저와 같다면 이 화면을 찍어 두세요."라고 답하는 데에는 자신의 흠을 드러내는 전략이 반영되었다. 우리가 겸손한 태도로 상대를 존중할 때 쓰는 바로 그 전략이다.

이런 사라의 알고리즘은 특별히 '인공 알고리즘'이라고 부를 수 있지 않을까? 인공지능의 답변을 기계가 스스로 찾은 규칙에 내맡기지 않고 인간이 적절히 개입한다는 의미에서 말이다. 차별하지 않는 인공지능은 자연스러운 데이터, 스스로 학습하는 알고리즘이 아니라, 인위적인 노력과 개입으로 다듬어진 데이터와 알고리즘에 의해 만들어진다.

아티큐랩의 개발자들은 인간의 자리를 대체하는 인공지능이 아니라, 인간 이용자와 협력하는 인공지능으로 사라를 만들었다고 말한다. 인공지능이 인간 그 자체가 되기를 기대하기보다 기계가 인간의 일을 돕도록 하는 목표다. 이루다와 사라의 사례에서는 인공지능과 인간 사이의 유사성을 인공지능의 목적으로 삼는 경우와 인공지능의 임무 수행을 돕는 보조 가치로 활용하는 경우가 대비된다. 인간을 따라 하는 것이 인공지능의 궁극적인 목표가 된다면 날것의 대화를 학습하는 인공지능은 물론 훗날 그 기계와 소통할 평범한 이용자까지 심각한 차별과 혐오 상황에 노출될 것이다.

차별의 시대에
인공지능 만들기

여성을 차별하지 않는 인공지능을 구현하는 데 인공 데이터와 인공 알고리즘까지 필요하다니, 사실상 여성과 공존하는 인공지능을 만드는 일은 불가능에 가깝지 않은가 하는 생각이 들 수도 있다. 사라를 개발할 때 사용된 대화의 기본 전략을 연구하는 기간만 8년이 걸렸다고 한다. 여성형 인공지능 챗봇을 성희롱의 대상으로 보지 않는 인간 사용자를 만들기까지는 얼마나 더 오랜 시간이 걸릴지 짐작하기 어렵다.

그렇다면 두 번째 방법이 있다. 이는 대화형 인공지능이 아닌 인공지능 일반에 더 적합한 방법이다. 혐오와 차별을 일으키는 인공지능의 편향은 그 알고리즘에 오류가 발생한 것이나 알고리즘에서 드물게 일어나는 예외적 상황이 아니다. 오히려 데이터의 패턴을 가장 잘 학습한 결과로 나타난다. 인공지능의 이 뛰어난 학습 능력을 고정관념과 차별이 분분한 현실을 검출하고 입증하는 데 활용하면 어떨까? 눈앞에 드러난 인공지능의 편향을 증거로 삼아서 실제 현실에서 일어나는 혐오와 차별에 반대하자는 발상이다.[3]

2017년 미국 버지니아 대학 컴퓨터학과 교수 비센티 오르도네즈는 글로벌 IT 기업 페이스북과 마이크로소프트가 수집한 이미지 수백만 개를 학습한 이미지 인식 인공지능을 만들었다.[4] 이 인공지능은 쇼핑이나 세탁을 하는 장면은 여성에, 무언가를 가르치거나 총을 쏘는 장면은 남성에 연관시키면서 주방에 있는 남성을 여성으로 오인하기도 했다. 이런 사례는 주로 인공지능이 데이터의 편향을 반영하고 강화한다는 주장의 근거로 쓰인다. 그

---

3   한애라, 「인공지능과 젠더차별」, 《이화젠더법학》 제11권 3호 (2019년 12월호), 1~39쪽.

4   Jieyu Zhao et al., "Men Also Like Shopping: Reducing Gender Bias Amplification using Corpus-level Constraints," *Proceedings of the 2017 Conference on Empirical Methods in Natural Language Processing*(2017), pp. 2979~2989.

런데 역발상으로 보자면 이 결과는 인공지능이 사회적 편향을 얼마나 잘 가시화하는지를 드러내는 증거이기도 하다.

여성을 차별하지 않는 인공지능을 만들기는 어렵지만, 여성을 차별하는 인공지능을 만들기는 이렇게나 쉽다. 인공지능이 객관적이라는 신화를 깨는 일은 더더욱 어렵지만, 인공지능이 객관적이라는 믿음을 유지하기란 너무나 쉽다. 여성과 공존하는 인공지능을 만드는 두 번째 방법은 인공지능의 차별과 혐오, 편향을 숨기거나 지우지 않고 역으로 그런 문제가 우리 주변에 만연하다는 현실을 보이는 도구로 삼는 것이다. 차별과 혐오가 존재한다는 사실이 손쉽게 부정되는 지금 인간에게 필요한 기술은 이 사회의 차별과 혐오를 '객관적으로' 보여 주는 기술 아닐까?

우리는 앞으로 더 많은 인공지능 서비스를 이용하게 될 것이다. 이루다를 둘러싼 문제에서 밝혀졌듯 일상적으로 차별과 혐오를 한다는 결함은 인공지능을 이용하는 인간에게도 있다. 이루다는 혐오 발언의 주체이기에 앞서 여성 혐오와 성희롱의 대상이었다. 20대 여성 같은 인공지능이 마치 20대 여성 인간처럼 대해졌던 것이다. 한 달이 채 안 되는 짧은 기간 동안 이루다는 앞으로 인공지능과 여성이 공존하려면 자연스러운 차별과 혐오를 '인공적으로' 넘어서려는 의지를 가진 이용자가 많아져야 한다는 중요한 교훈을 남겼다.

8장 비서 로봇은
여성이라는 착각

인간은 오랫동안 인간을 닮은 기계를 꿈꿔 왔다. 중세 시대 이래로 자동인형이라 불린 여러 가지 움직이는 인형이 있었다. 20세기 초에는 실제 로봇보다 '로봇'이라는 명칭이 먼저 등장했다. 로봇을 그리는 인간의 상상은 컴퓨터 기술이 발전하면서 현실이 되었다. 최초의 산업용 로봇은 20세기 중반에 개발됐는데, 당시 산업 현장에 도입된 많은 로봇은 인간의 손과 팔을 대신한 형태에 불과했다. 컨베이어 벨트 위를 지나는 물건 위치에 맞추어 설정된 범위에서만 움직이는 로봇 팔을 떠올려 보라.

로봇이 인간의 모습을 닮기 시작한 것은 일상에 들어오면서부터다. 공장을 벗어나 행사장, 사무실, 병원에 배치된 로봇은 이제 식당에서 주문을 받고 음식을 나르는 역할도 한다. 인간이 생활하는 공간에서 인간과 교류하며 일하는 로봇은 이전보다 더 인간과 비슷해져야 했다. 그렇게 인간을 보조하는 임무를 맡은 로봇은 유독 여성을 닮는 경향을 보였다.

에버와 휴보,
두 로봇 이야기

물론 모든 로봇이 여성의 외양을 띠지는 않는다. 그러나 여성의 모습을 한 로봇과 그렇지 않은 로봇 사이에는 분명한 차이가 있다.

에버와 휴보라고 불리는 두 로봇을 보자. 에버는 2003년 한국 생산 기술 연구원이 국내 최초를 표방하며 개발한 로봇이다. 박물관이나 백화점에서 방문객을 안내하거나 어린이를 교육할 목적으로 인간과 닮게 만들어졌다. 이듬해 2004년 한국과학기술원(KAIST)에서 개발한 로봇 휴보는 뛰어난 신체 조작 능력이 특징이다. 사람이 들어가기 힘든 사고나 재난 현장을 빠르게 이동하며 문제를 해결하는 재난 로봇으로 설계됐다.

에버는 여성을 닮았다. 키 160센티미터, 몸무

게 50킬로그램인 체형에 유명 여자 연예인 두 사람의 얼굴을 합성한 외관이다. 실리콘 소재의 피부에 머리는 길고 치마 정장이나 원피스를 즐겨 입는다. 에버의 기능은 상반신, 특히 얼굴에 집중되어 있다. 얇은 팔과 작은 얼굴을 구현하기 위해 초소형 모터와 제어기가 사용되었고 얼굴 부위에는 모터를 15개나 달아 인간처럼 희로애락을 표현하게 만들었다.

휴보는 기계 느낌이 더 강하다. 몸체에 금속 재질이 그대로 드러나 있는 휴보는 개발 초기에는 체형이 120센티미터, 40~50킬로그램이었지만 이후 몇 가지 버전을 거쳐 최근에는 250센티미터, 280킬로그램에 이를 정도로 몸집이 커졌다. 얼굴이 있어야 할 자리에는 현장 정보를 수집하기 위한 카메라와 센서가 달려 있다. 에버와 달리 휴보는 얼굴 생김새나 머리 길이, 옷 등으로 성별 특성을 드러내지 않는다.

휴보는 엄밀히 말하면 휴머노이드 로봇으로, 애니메이션에서 흔히 묘사되는 로봇처럼 표면이 철제이며 인간과 유사한 신체 동작과 행동을 하도록 제작되었다. 반면 에버와 같은 안드로이드 로봇은 애초에 인간과 구분이 안 될 정도로 닮게 만드는 목적에 따라 구현됐다. 에버가 '젊고 날씬하고 아름다운' 여성의 특성을 고스란히 반영한 결과물이라면 휴보는 단지 인간의 형체를 본뜬 것일 뿐이다. 그런데 이 무성적인 로봇은 남성 인칭 대명사로 지칭되며, 특수 제작한 알베르트 아인슈타인의 얼굴 가면을 머리 부분에 씌워 알베르트 휴보라는 별칭을 얻기도 했다. 휴보가 키와 몸집을 키우며 2015년 세계 재난 로봇 대회에서 1위를 차지하는 동안 에버는 2009년 세계 최초의 연예인 로봇으로 공연 무대에 섰다.

친근함을 구현하기

에버와 휴보의 사례에서 짐작할 수 있듯 로봇의 외형은 로봇이 수행하는 일과 관련되어 있다. 여성을 닮은 에버의 외형은 방문객들에게 원하는 정보를 제공하고 어린이에게 동화책을 읽어 주는 에버의 임무를 반영한다. 애플의 시리와 마이크로소프트의 코타나, 아마존의 알렉사 등 개인 비서 인공지능 프로그램들 역시 처음에는 여성의 목소리로만 출시되었다.

여성으로 인식되는 로봇이 맡는 안내, 교육,

가사, 반려 등의 돌봄 노동은 흔히 사회적으로 여성이 하는 일이라 여겨진다. 여성 로봇의 일은 인간을 대신해 육체적으로 힘든 일이나 고도의 계산 작업을 수행하는 로봇과 달리, 인간과 사회적 관계를 맺으며 교감하는 사회적 로봇(소셜 로봇)이 하는 일과 겹친다. 사회적 로봇은 인간 사용자의 의도나 감정을 정확하게 인식하고 그에 적합한 행위를 학습·판단해 사용자에게 최적화된 서비스를 제공한다.

사회적 로봇의 임무 수행 과정에는 인간과의 상호 작용이 반드시 포함되므로 이를 만드는 로봇 공학자는 인간과 로봇이 자연스럽게 교감하고 소통하는 과제에 신경 쓴다. 그렇다면 사회적 로봇을 여성으로 디자인하는 것은 일견 실용적이고 합리적인 판단으로 보인다. 큰 어깨를 가진 덩치에 굵은 남자 목소리를 내는 백화점 안내 로봇에게는 고객들이 편안히 다가갈 수 없을 테니, 단정한 옷을 차려입고 젊고 상냥한 여성의 모습을 한 로봇이 훨씬 친숙하게 느껴질 것이라는 전제다. 이처럼 사회적 로봇에 부여된 인간의 성별 특성은 사용자가 기계에 느끼는 낯선 감정을 마치 인간을 대하는 듯한 친근함으로 바꾸고, 둘 사이의 상호 작용을 자연스럽게 유도한다.

친근함은 인간-로봇 상호 작용(Human-Robot
Interaction, HRI)을 위한 중요한 자원이다. 일상에
두루 쓰이는 국내외 기업의 음성 인식 스피커, 가
상 비서 프로그램, 대화형 챗봇 등은 주로 여성의
특성으로 친근함의 가치를 구현한다. 여기에는 매
일 아침 그날의 일기예보를 알리는 사소한 보조 업
무나 작은 실수로 풀이 죽은 누군가의 마음을 달래
는 일은 아무래도 여성이 맡는 쪽이 자연스럽다는
생각이 반영되어 있다.

돌봄이 여성 로봇의
일이 되기까지

사회적 로봇에 부여된 여성의 특성은 자연적인 것
이 아니다. 돌보는 일의 가치가 저평가되면서 이러
한 일을 주로 여자가 맡게 되고, 로봇 개발에 그런
현실이 다시 반영되면서 사회적 로봇이 여성의 외
양을 띠게 된 것이다.

한국만이 아니라 캐나다, 독일, 일본 등 여
러 나라에 존재했던 전화 교환원 사례를 보자.[1] 발
신국과 착신국 사이에서 걸려 온 전화를 수동으

로 교환해 주는 전화 교환원 일은 영화나 드라마에서 주로 여성이 하는 일로 재현된다. 마치 오늘날 콜센터 일자리 대다수를 여성이 맡는 것처럼 말이다.

하지만 전화 산업이 도입된 초기에 이 업무를 담당했던 사람은 대부분 남성이었다. 전화기가 값싸게 보급되기 전까지 전화는 부유한 사람들만 사용할 수 있는 전문 서비스였다. 전화 교환원의 주된 업무도 부유층의 요구에 대응해 전화기 사용과 관련한 전문 지식을 전달하는 것이었다. 시간이 지나 여느 가정에서나 전화를 이용할 수 있게 되면서 기술을 설명하기보다 친절하게 응대할 인력이 더 필요해졌고, 그렇게 전화 교환원은 여성의 일이 되었다. 여성은 남성보다 상냥하다는 인식이 강했을 뿐더러 여성에게는 임금을 적게 줘도 되는 배경이 있었다. 전화 교환원을 여성의 일로 짐작하는 것은 그 일이 원래부터 여성의 몫이라서가 아니라 여성이 그 일을 맡도록 한 사회문화적 전환의 결과를 일상적으로 경험하고 있기 때문이다. 그리고 어느

---

1   이희은, 「AI는 왜 여성의 목소리인가?: 음성인식장치 테크놀로지와 젠더화된 목소리」, 《한국언론정보학보》 제90권 3호(2018년 8월호), 126~153쪽.

새 여성의 형상과 목소리를 가진 안내 로봇이 여성 안내원을 대신해 더 낮은 비용과 더 친절한 태도로 우리 인간을 맞이하고 있다.

돌봄이 여성의 일로 여겨지면 로봇공학자가 돌봄 로봇을 여성의 모습으로 만드는 것은 합리적인 선택처럼 보인다. 사회적으로 통용되는 성 고정관념이 로봇과 인간의 상호 작용을 훨씬 매끄럽게 만들기 때문이다.

2005년 미국 카네기멜론대학 HCI 연구소의 사라 키슬러 연구팀과 미국 오레곤대학 심리학과 교수 애덤 크래머는 문자로 데이트 상담을 해 주는 로봇과 20대 남녀 33명 사이의 대화를 분석했다.[2] 실험에서 대체로 여성 사용자는 남성 로봇과, 남성 사용자는 여성 로봇과 대화를 많이 나누었는데, 이는 다른 성별끼리 의사소통할 때 의미 전달에 어려움을 겪어서 여러 번 반복 대화를 했기 때문이다. 이런 현상을 두고 연구자들은 로봇과 인간이 더 원활히 함께 일하려면 업무 성격과 어울리는 성별에

---

2   Aaron Powers et al., "Eliciting information from people with a gendered humanoid robot," ROMAN 2005, *IEEE International Workshop on Robot and Human Interactive Communication*(2005).

따라 로봇을 만들어야 한다는 주장을 펼친다. 업무 효율을 위해 성 고정관념을 답습하자는 결론으로 빠지는 것이다.

로봇 디자인의 측면에서 보면 로봇에게 성별을 부여하는 일은 그리 어렵지 않다. 사람들은 전형적인 여성의 이름이나 목소리를 부여하면 곧 로봇을 여성으로 인식한다.[3] 어깨를 크게 만들거나 허리에 굴곡을 만드는 것만으로도 성별을 다르게 인식한다는 연구도 있다.[4] 로봇을 성별 특성에 맞추어 디자인하는 것은 인간이 즉각적으로 성 고정관념에 따라 로봇을 대하도록 한다. 비서 로봇을 여성으로 만드는 것은 효율적인 비서 로봇을 만드는 안전하고 손쉬운 방법이지만 그렇기에 역시 게으른 전략이다.

3   Tatsuya Nomura, "Robots and gender," *Gender and the Ge-nome* Vol.1 no.1(2017), pp.18~25.

4   Gabriele Trovato, Cesar Lucho, & Renato Paredes, "She's electric: the influence of body proportions on perceived gender of robots across cultures," *Robotics* Vol.7 no.3(2018), p.50.

여성 비서 로봇이
여성에게 미치는 영향

여성 로봇의 문제는 로봇이 여성이라는 사실보다 그 로봇이 어떤 여성을 구현하는가에 있다. 로봇이 모방하는 여성은 대개 가상의 20대 여성이며 현실에 존재하지 않는 이상적이고 성애화된 존재다. 반면 가상의 20대 남성을 재현하는 로봇은 전무하다. '딱 보니 남자'라고 할 만한 안드로이드 로봇에 흔하지 않고, 있다고 해도 실제 현실에 존재하는 전문가 남성을 모사한 경우가 대부분이다. 일본의 로봇공학자 이시구로 히로시는 여성 안드로이드 로봇인 에리카 그리고 유를 섹스돌을 연상시키는 외관으로 개발했는데, 남성 로봇은 중년 남성인 자신의 모습을 그대로 본떠 만들었다.

젊고 아름다우며 친절한 여성 로봇 여성은 이 사회가 바라는 여성의 모습을 적나라하게 보여 준다. 여성스러운 외모로 방문객을 맞이하며, 항상 친절하고 상냥한 반응을 보이도록 설계된 에버에게 사람들이 품는 기대는 사실상 여성이 오랫동안 강요받은 사회적 기대와 비슷하다. 영국 드몽포트 대학에서 로봇과 인공지능의 문화와 윤리를 연구하는 캐슬린 리처드슨 교수는 여성 로봇이 여성의 일을 대신하는 현상이 여성을 자유롭게 하기는커녕 여성에 대한 기대와 성 고정관념을 더욱 강화한다고 지적한다.[5] 여성 비서 로봇이 친근하게 느껴지는 세상에서 비서 업무를 여성의 일로 보는 현상은 더욱 자연스럽게 느껴질 것이다. 비서, 간호사, 유치원 선생님으로 일하는 여성들이 왜곡된 성 고정관념에 분노하고 대응 방법을 마련하고 있는 현실에서 여성 로봇은 설계된 그대로의 목표를 수행하며 여성에 대한 비현실적인 기대를 현실로 만드는 데 일조한다.

성 고정관념을 따르는 것은 남성 로봇도 마찬가지이지만 그 결과가 다르다. 휴보에는 육체적으로 힘든 일을 남성이 해야 한다는 통념이 반영되어 있지만, 애초에 인간 남성과 동일시할 만한 외형을 가지고 있지 않고 성별이 강조되지도 않는다. 성별의 특성이 도드라져서가 아니라 성별의 표식이 없기 때문에 도리어 남성처럼 인식된다. 무대에 올라 인간 가수의 노래를 립싱크하는 에버와 뛰어난 구

5   Kathleen Richardson, *An anthropology of robots and AI: Annihilation Anxiety and Machines*(New York: Routledge, 2015).

조 능력을 인정받는 휴보에게 기대되는 바가 다른 것처럼, 주로 남성 로봇이 수행하는 임무는 일의 전문성이 훨씬 강조된다. 고정관념은 현실의 여성과 남성에게 그렇듯 여성형 로봇과 남성형 로봇에게도 비대칭적으로 적용된다.

성 고정관념을 넘어
진정한 혁신으로

성 고정관념에 기반한 로봇은 로봇공학적 관점에서도 재고되어야 한다. 여성 비서 로봇이 남성 비서 로봇보다 선호되는 이유는 협조적인 태도와 소통 능력 등 비서 업무에 요구되는 특성이 여성에게 특화된 능력이라 여겨지기 때문이다. 여기에는 두 가지 고정관념이 작동한다. 하나는 특정 성격이 비서 업무에 더 적합하다는 성격 고정관념이고 다른 하나는 여성에게 주로 그런 특성이 있다는 성 고정관념이다.

2014년 국제 학술지 《인간 행동과 컴퓨터》에 실린 한 연구는 두 가지 고정관념이 인간-로봇 상호 작용에 미치는 영향을 보고자 싱가포르 남녀 대학생 164명을 대상으로 실험을 진행했다.[6] 성 고정관념의 영향을 평가하기 위한 첫 번째 실험에서는 외양이 똑같은 보안 로봇과 돌봄 로봇에 전형적인 남녀의 이름과 목소리를 줬다. 성격 고정관념을 평가하려는 두 번째 실험에서는 로봇들에게 각기 다른 성격 특성을 부여했다. 외향적 성격이 부여된 로봇은 목소리를 더 크고 높게, 말하는 속도도 더 빠르게 설정하는 식이었다.

실험 참가자들은 보안 로봇으로는 남성형 로봇이거나 내향적 성격인 로봇을, 돌봄 로봇으로는 여성형 로봇이거나 외향적 성격인 로봇을 선호했다. 그런데 실험의 결론은 로봇 공학의 기존 전제를 재확인하는 수준에 그치지 않았다. 두 실험을 비교했을 때 참가자들은 성 고정관념보다는 성격 고정관념에 맞는 로봇을 더 긍정적으로 평가했다. 이는 성 고정관념을 무비판적으로 적용한 로봇보다 임무 수행에 더 적합한 자질을 구현한 로봇이 인간과의 상호 작용을 더 잘할 가능성이 있음을 보여 주는 중요한 결과다.

6   Benedict Tay, Younbo Jung, & Taezoon Park, "When ste-reotypes meet robots: the double-edge sword of robot gen-der and personality in human-robot interaction," *Computers in Human Behavior* Vol.38(2014), pp.75~84.

혁신은 시작되었다. 2015년 미국 항공 우주국 (NASA)에서 제작한 화성 탐사 로봇 발키리가 그 훌륭한 사례. 발키리는 공식적으로는 성별이 없다. 특수 소재로 제작한 긴 머리카락이나 부드러운 피부가 없을뿐더러 여성복을 입지도, 얼굴에 표정이 드러나지도 않는다. 요즘 인기를 끄는 건장하고 짧은 머리를 한 여성 운동 선수 같기도 하다. 13킬로그램의 무겁고 큰 배터리를 상체에 장착해서 가슴이 불룩 나와 있음에도 남성형 인칭 대명사로 불린다. 발키리 개발에 참여한 미국 로봇공학자 니콜라우스 래드퍼드는 일곱 살짜리 딸을 생각하면서 발키리를 강인한 여성 로봇으로 디자인했다고 한다.[7] 여성에 대한 성 고정관념을 정반대로 뒤집은 것이다.

비서 로봇을 항상 젊고 상냥한 여성으로 만드는 공학은 사회에 해로울 뿐 아니라 학술적으로도 흥미롭지 않다. 그것이 로봇공학자의 일이라면 인간-로봇 상호작용이라는 분야는 차라리 불필요할지 모른다.

---

7   Laura Dattaro, "Bot Looks Like a Lady," *SLATE*, 2015년 2월 4일.

비서 로봇이 여성을 닮아야 한다는 고정관념은 말할 것도 없고 로봇이 인간을 닮아야 한다는 전제까지 깨지고 있다. 인간에게 필요한 기능에 최적화한 새로운 형태의 로봇을 만드는 작업은 안전하지도 쉽지도 않지만, 이런 도전이야말로 과거에 안주하지 않는 진짜 혁신이다. 조신하지 않은 공학자가 가장 잘 할 수 있는 일이다.

9장   # 진화론과
화해하는 법

여성의 몸은 세상에 태어난 순간부터 언제나 차별과 혐오의 근거로 동원된다. 아이를 품을 수 있는 몸을 타고난 탓에 집 안에서는 임신과 출산, 육아에 뒤따르는 고통과 위험을 대부분 홀로 감내해야 하고, 집 밖에서는 그러한 가능성이 가진 몸이 공적 업무나 고도의 지적 업무에 적합하지 않다는 편견과 맞서야 한다. 아이를 갖지 못하거나 육아에 전념할 수 없을 때, 심지어 원치 않는 임신을 중단하려고 할 때에도 비난의 시선을 걱정하지 않을 수 없다.

이와 같은 현실에서 진화생물학은 여성이기에 부담해야 하는 성 역할, 강간을 비롯한 성폭력조차 진화의 산물이라고 주장하는 과학의 대명사로 악

명을 떨쳤다. 이런 식의 진화생물학에 대해 페미니즘이 호의적일 수 없는 것은 당연해 보인다.

페미니즘이 생물학을 다루는 방식

"여성은 태어나는 것이 아니라 만들어지는 것"이라는 시몬 드 보부아르의 유명한 말[1]은 여성을 태어나는 존재로 여겨 온 현실을 겨냥한다. 여성이 어떤 몸으로 태어났는지 설명하는 생물학은 과학적 사실을 기술한다는 명목으로 여성의 몸에 대한 사회적 가치를 재생산하고 강화한다. 그러나 페미니즘과 생물학이 충돌하는 진짜 이유는 생물학 지식이 성차별적인 내용을 담고 있어서가 아니다. 그보다 더 깊은 뿌리에 인간의 가능성을 선천적 자질에 제한하는 생물학적 결정론에 대한 페미니즘의 우려가 있다.

생물학을 자신의 이론에 활용하는 페미니즘은 생물학적 결정론을 우회하는 전략을 쓴다. 월경에 관한 과학 지식을 활용하는 페미니즘의 전형적인 서술은 이런 식이다.

---

1   Simone de Beauvoir, *The Second Sex*(Vintage, 2011).

의학에서는 호르몬을 여성의 행동 변화에 직접적인 영향을 주는 물질로 본다. 월경을 앞둔 여성은 호르몬이 영향을 받아 급격한 기분 변화나 뾰루지, 소화 불량, 요통 같은 신체 증상을 겪는다. 그러나 월경 전 증후군에 포함되는 갖가지 증상은 그 여성이 어떤 문화에 속하는지에 따라 다르게 관찰되는데, 특히 월경을 부정적으로 보는 문화에서 월경통이나 월경 전 증후군을 심하게 앓는 여성이 많다고 한다. 월경 전 증상이 여성마다 천차만별이며, 심지어 같은 사람이라도 주기에 따라 증상이 다르게 나타난다는 점은 월경에 관한 신체적·심리적 증상이 단순한 생물학의 문제가 아니라는 점을 시사한다. 개별적인 증상을 특정한 질병으로 범주화해 통제하려는 의학의 권력에 순응해서는 안 된다.

생물학적 결정론에 휘둘리지 않으려고 과학 지식을 있는 그대로 인정해 버리는 서술이다. 이때 페미니즘은 호르몬의 영향을 단지 주어진 것으로 두고, 문화가 이 단순한 생물학을 복잡하게 만드는 것이라고 주장한다. 그 속에서 생물학은 단지 수동적이고 대상적인 학문으로 취급된다. 마치 정자가 와서 수정해 주기를 기다리는 난자처럼 말이다.

강간에 대한 설명은 두 학문의 충돌 지점을 더 극적으로 드러낸다. 왜 강간과 같은 성폭력 가해자는 주로 남성일까? 남성만 연구 대상으로 보는 생물학이 문제일까, 남성중심적 사회가 문제일까? 강간을 진화의 산물로 설명하는 진화생물학 연구가 있다. 페미니즘은 이러한 과학이 실제 성범죄를 정당화하는 수단으로 쓰인다고 지적한다. 하지만 페미니즘의 우려 섞인 주장 역시 과학적 사실과 사회적 가치를 뒤섞어 보는 자연주의의 오류를 범하고 있다.

진화론은 언제부터 여성과 불편한 사이가 됐을까? 진화론이 페미니즘의 대대적인 비판을 받기 시작한 것은 진화론의 창시자 찰스 다윈이 『종의 기원』을 발표한 지 약 150년이 지난 2000년대 초반이다. 미국 진화생물학자 랜디 손힐과 인류학자 크레이그 팔머의 책 『강간의 자연사』는 남성이 여성을 강간하는 이유를 오로지 번식과 성욕 등 남성의 성적 동기로만 설명했다.[2] 이들은 강간을 남녀의 사회적 위계로 설명하는 이론을 강하게 비판하면서 진화론 대 페미니즘의 논쟁에 불을 붙였다.

---

2   Randy Thornhill & Craig T. Palmer, *A Natural History of Rape: Biological Bases of Sexual Coercion*(MIT press, 2001).

진화론은 하나가 아니다

진화론으로 강간을 설명하려는 시도는 1970년대 후반에 처음 등장했다.[3] 진화론자들은 암컷이 성적 파트너를 선택할 때 수컷보다 까다롭게 행동한다는 점에 관심을 보였다. 암컷은 자식을 낳고 기르는 데 수컷보다 훨씬 많은 시간과 에너지를 쓰기도 했다. 포유류 암수에게서 관찰된 각 특징은 암수의 성적 행동 차이를 설명하는 데 활용됐다. 이를테면 수컷은 가임기 암컷과 얼마나 많이 성관계를 맺느냐에 따라 번식 성공률이 달라지므로 여러 암컷과 무분별한 성적 행동을 한다. 반면 암컷은 좋은 유전자뿐 아니라 자식을 낳고 기르는 과정에 물적·심리적 자원이 필요하므로 이를 제공할 수 있는 수컷을 신중하게 고른다. 이와 같은 암수의 짝짓기 성향 차이 때문에 수컷은 암컷과 관계 맺을 때 무력을 사용하게 된다. 강간에 대한 진화론 가설 중 하나인 적응 가설의 설명이다.

한편 강간을 다르게 설명하려는 시도도 있었

3   Griet Vandermassen, "Evolution and rape: A feminist Darwinian perspective," *Sex Roles* Vol.64 no.9~10(2011), pp.732~747.

다. 부산물 가설은 강간과 무관한 기제가 작동한 결과 그 부산물로 강간이 나타났다고 설명했다. 이 가설은 강간의 진화만을 설명하는 독립적인 메커니즘이 존재하지 않는다고 본다. 예를 들어 포유류 암수에게서 번식과 양육을 위해 성욕을 조절하는 기제가 나타난다. 이와 별개로 자신이 살아남기 위해서든 다른 어떤 이유에서든 타인의 행동을 강제하려는 기제가 진화한다. 성욕을 자제하지 않고 강제로 성관계를 하려는 행위는 두 기제의 부산물로 발생할 수 있다는 것이다.

언뜻 보기에 강간에 대한 진화론의 관점과 페미니즘의 관점은 양립할 수 없을 듯하다. 동물 관찰 결과에서 도출된 강간의 생물학적 동기, 인간 사회의 남성 권력을 비판하기 위해 제시된 강간의 사회적 동기가 공존할 수 있을까? 놀랍게도 두 동기를 함께 고려한 설명은 강간에 대한 과학적 설명이 등장한 초기부터 존재했다.[4] 부산물 가설을 처음 제시한 미국 인류학자 도널드 시먼스는 성욕과 권력의 연관성을 강조하면서 권력 또한 강간의 동기가 될 수 있다고 했다. 미국 진화생물학자 윌리엄 실즈와

4   Ibid.

리아 실즈는 짝짓기에 실패하는 등 성관계 경험이 적은 남성들이 주로 강간을 한다는 기존 설명을 뒤엎고 모든 남성이 강간할 가능성이 있다고 주장했다. 번식 성공과 무관한 분노와 적대감이라는 요소가 강간의 원인이 될 수 있다고 보았기 때문이다.

이와 비슷한 시기에 페미니스트 진화론자들은 생물학적 요소와 사회적 요소를 함께 살피면서 남성의 강간에 대한 설명을 통합하려 했다.[5] 미국 진화론자 바버라 스머트는 다른 영장류 사회에 비교해 인간 사회에서 남성이 여성의 성애 활동, 예를 들어 자신이 아닌 다른 남성과 관계 맺는 행위를 통제하는 경향이 더 극단적으로 나타난다고 짚었다. 이는 인간 종이 다른 어떤 종보다 남성 연합이 강하고 여성 연합이 약하기 때문이라는 가설로 이어진다. 남성 연합이 강하다는 것은 모든 남성이 여성을 상대로 단일한 결속을 이룬다는 뜻이 아니다. 부계 중심 사회에서 여성은 자신의 친족이나 다른 여성들과 끈끈한 관계를 맺기 어려운 반면, 남성은 항상 자원과 지위를 얻으려는 남성 대 남성의 경쟁 상태에 있으며 이를 통해 위계적 집단

5   Ibid.

을 형성하고 강화한다. 남성들 사이의 경쟁 및 위계 구도에서 여성에 대한 통제는 남성의 능력과 동일시되고 여성의 성적 자율성은 제한된다. 스머트는 남성이 여성의 행동을 통제하는 정도가 남성이 다른 남성의 행동을 통제하려는 정도와 비례 관계에 있다고 보았다.

결국 진화론이 강간을 남성의 성욕, 남성의 본능으로만 설명한다는 오해는 진화론 자체의 문제이기보다 『강간의 자연사』 탓이 크다.[6] 손힐과 팔머는 분노나 적대감을 강간의 주요 동기로 보거나 강간의 원인을 남성 중심의 권력 이데올로기와 연결하는 다른 진화론자의 주장을 책에 싣지 않았다. 강간에 대한 사회과학적 설명을 의도적으로 배제하고 비난해서 많은 사람이 진화론을 불필요하게 오해하도록 만든 셈이다.

진화론의 곁을 지킨
페미니스트들

여성은 진화론의 오랜 친구이자 비판자다. 잘 알려

6   Ibid.

져 있지 않지만 다윈의 연구 활동과 진화론의 전파에는 여성의 역할이 상당히 컸다.[7] 다윈에게 동식물이나 어린아이에 대해 관찰한 바를 알리고 직접 수집한 표본을 보낸 이들 대부분이 주변의 여성이었다. 그들은 여러 꽃의 암술 모양을 비교한 내용을 편지에 적어 알리거나 금속 용기에 이끼를 깔아 표본이 훼손되지 않는 방식으로 꽃 표본을 보내곤 했다. 1859년 출간된 『종의 기원』을 프랑스어로 처음 번역하고 그 역서에 자신만의 논평을 포함해 유명해진 끌레망스 루아예도 여성이다.[8]

다윈과 동시대를 산 1세대 다윈주의 페미니스트들은 진화론을 수용하는 한편 페미니즘의 시각에서 이를 논평하고 재해석했다.[9] 1875년 미국 자유주의 페미니스트 앙투아네트 블랙웰은 최초의 다윈 비판서인 『자연계의 성』을 발표했다.[10] 그

7   Sarah S. Richardson, "Darwin and the Women," *Nature* Vol.509 no.7501(2014), pp.424; Joy Harvey, "Darwin's 'angels': the women correspondents of Charles Darwin," *Intellectual History Review* Vol.19 no.2(2009), pp.197~210.

8   Joy Harvey, Op. cit.

9   S. Pearl Brilmyer, "Darwinian feminisms," *Gender: Macmillan Interdisciplinary Handbooks*, Stacy Alaimo (ed.)(MI: Macmillan Reference USA, 2017), pp.19~34.

는 남녀가 자연 선택을 통해 차이를 갖도록 진화했으나 그 가치는 동등하다는 주장을 펼치면서 다윈 진화론을 여성 참정권을 옹호하는 자원으로 활용했다.

한 세기가 지난 1990년대에는 바버라 스마트, 퍼트리샤 고와티, 세라 허디 등 현대 페미니스트 진화론자의 활약이 두드러졌다. 이들은 진화론의 남성 중심성을 지적하는 것을 넘어 유전자 개념에 치중된 진화론의 생물학적 요소를 다채롭게 발전시키려 했다. 고와티는 자연 선택을 어떤 유전자가 보존되는가의 문제로 보는 전통적 관점, 곧 유전자 결정론의 관점에서 벗어나 유전자와 환경의 상호 작용으로 유전자 발현을 살피자고 제안했다.[11]

오랫동안 영장류를 연구해 온 진화생물학자이자 인류학자인 세라 허디는 다윈 진화론이 그린 정숙하고 자기희생적인 어머니상을 거부하고 여성과 암컷의 특성을 새롭게 제시한다.[12] 허디는 자연에

10   오현미, 「페미니즘에서 '다윈 효과': 진화론에 대한 1세대 페미니스트들의 비판적 수용」, 《페미니즘 연구》 제17권 2호(2017), 47~92쪽.

11   S. Pearl Brilmyer, Op. cit.

12   세라 블래퍼 허디, 황희선 옮김, 『어머니의 탄생』(사이언스북스, 2010).

존재하는 어머니는 육아에만 헌신하는 어머니가 아니라 일하는 어머니라고 말한다. 현대의 수많은 일하는 어머니를 괴롭히는 '모성 대 야망'이라는 갈등이 모성을 여성의 본능으로, 출세의 야망을 남성의 본능으로 규정한 근대의 규범 때문에 빚어졌다는 주장이다.

　허디는 여성의 양육 행위를 설명할 때 지극한 보살핌이나 헌신 등 여성적 특징이 아니라 주도면밀한 전략이나 기업가 정신 등 남성적 특징을 든다. 비단 일하는 여성만이 아니다. 아이의 소질을 일찍부터 파악해 진학 계획을 세우고 진로를 주도하는 한국의 어머니를 보며 우리는 자식을 위해 맹목적으로 희생하는 여성상이 아닌 치밀한 전략가나 야심 찬 기업가의 모습을 떠올리게 된다.

　과거의 다윈주의 페미니스트와 가까운 오늘날의 페미니스트 진화론자들은 페미니즘과 진화론의 결합이 서로에게 유용한 자원이 될 가능성을 알고 있었다. 진화론이 발견한 지식은 가부장제 이데올로기를 반박하는 강력한 증거로 페미니스트 정치의 자원이 될 수 있다. 한편 페미니즘은 진화론 연구가 남녀와 인간 사회의 가능성을 제한하는 결정론의 논리에 오용되지 않도록 학계와 현실 사이의 균형을 맞춰 줄 것이다.

페미니스트여,
생물학 공포를 벗어나자

강간은 진화의 산물일까, 남성 중심 사회의 산물일까? 진화론의 역사는 이런 질문 자체가 더는 유효하지 않다고 가르쳐 준다. 강간의 진화를 설명하려 한 진화론의 여러 가설이 일찍부터 남성 중심 사회에 대한 설명을 포함하거나 포함할 수 있는 길로 이어졌기 때문이다. 이제 사회적 요인의 설명과 양립 가능한 진화론의 가설을 더 드러낼 때다. 진화론은 다양한 사회 현상을 설명하는 데 필요한 효과적인 가설을 세우고 이를 검증하는 무기가 될 수 있다. 많은 선구자가 그랬듯, 앞으로 더 많은 여성이 진화론의 친구이자 비판자가 될 수 있다.

　　강간을 생물학의 문제로 보자는 제안은 강간을 남성의 본능으로 인정하자는 주장과 다르다. 강간을 예방하기 위해 신체적 개입을 고려하자는 주장으로도 나아갈 수 있다. 그렇다고 진화론이 강간을 정당화한다고 우려하는 이들을 사실과 가치를 혼동하는 어리석은 사람으로 깎아내릴 일도 아니다. 현실은 사실과 가치가 말끔히 분리되기보다는 뒤섞여 있다. 그렇다면 강간의 진화론은 성폭력을 두려워하는 여성을 보호하자는 지향을 적극적으로 추구해야 한다.

페미니즘은 이미 과학을 변화시켰고 제한적으로나마 과학과 여러 접점을 만들었다. 무엇을 더 할 수 있을까? 페미니즘이 생물학의 테두리를 넘어 다른 과학 분야를 만나려면 여성이 겪는 몸의 문제에서 다른 생물과 자연 또는 물질까지 관점을 넓혀야 한다. 생물학의 영향력과 생물학적 실재를 인정하며 과학을 적극적으로 사용하는 페미니즘과 '생물학적 실재를 인정하면 끝장이다'라는 태도에 머무르는 페미니즘은 분명 차이가 크다. 페미니스트는 생물학을 거부하는 마음에서 벗어날 수 있다.

10장

페미니즘 물리학의
도전

우리가 대중 매체 또는 서점에서 가장 먼저 접하는 과학 분야는 역시 물리학이다. 과학 분야의 고전인 베르너 하이젠베르크의 『부분과 전체』는 물론 『김상욱의 양자 공부』나 카를로 로벨리의 『시간은 흐르지 않는다』 등의 교양 과학 베스트셀러는 양자역학이라는 물리학 세부 전공을 다룬다. 과학 교과목 순서는 '물화생지'가 입에 붙고, 대학의 자연과학대학에 어떤 전공이 있을까 물을 때에도 물리학과를 가장 먼저 떠올린다.

　과학을 대표하는 전공인 물리학은 성차별적일까? 누군가는 이 질문이 대체 말이나 되는 문장인지 거부감부터 느낄지 모르겠다. 생물학과 페미니즘이 애증의 관계를 지속해온 데 반해 물리학 지식이 사회의 성차별 구조에 영향을 준다거나 그 지식에 성 고정관념이 반영된다는 생각은 다분히 생소하다. 염색체나 뇌 등 인체에 관한 의학 연구나 진화론 같은 생물학 이론이 사회적 성 인식과 영향을 주고받아 온 역사와 대조적이다. 성차별을 정당화하려 물리학 법칙이 동원되는 경우는 거의 없고, 여성에 대한 편견이 물리학 이론에 영향을 준 인상적인 전례도 찾아보기 어렵다. 한마디로 물리학은 페미니즘과 거리가 멀어 보인다.

물리학의 초연함

물리학 지식에 대한 인식이 생물학 및 의학의 경우와 다른 이유는 과학 내 위계에서 실마리를 찾을 수 있다. 과학을 거대한 사다리에 비유하면 가장 밑에는 심리학, 고고학, 인류학 등 사회과학으로 여겨지는 분과가, 그 중간 즈음에는 생물학이나 의학이, 그 위로는 화학이나 지구과학이 배치될 것이다. 물리학, 천문학, 수학 등은 사다리의 꼭대기에 가깝게 배치된다. 사다리 위쪽에 있는 분야는 보통 사회적 영향을 덜 받는 과학이라고 간주된다.

때때로 과학은 사회적 가치와 무관할수록 진

정한 과학으로 여겨진다. 이론적이고 정량적이며 과학 이외의 요소로부터 초연한 학문이야말로 과학의 정수에 가깝다는 생각에서다. 그렇다면 과학을 비평할 때 물리학이 성차별적인지를 살피는 일은 더욱 중요한데, 과학의 사다리 꼭대기에 적용되지 않는 과학 비판은 사실상 힘을 쓰기 어려울 것이기 때문이다.

페미니스트 과학학자들은 비평의 지점이 어디인지를 정확히 알고 있었다. 미국 캘리포니아주립대학 명예 교수인 페미니스트 과학철학자 샌드라 하딩은 물리학이 과학의 정수라는 명제에 도전한다.[1] 하딩은 물리학의 개념과 가정에 사회적 해석이 필요하지 않다는 것은 오해라고 지적한다. 예를 들어 1+1=2라는 수식의 의미는 1, +, =라는 기호를 알아야 이해할 수 있다. 이때 기호 +와 =를 '더하기', '같음'으로 이해하는 것은 특정 기호에 대한 사회적 규약이 작용한 결과며 이는 숫자 1에 대해서도 마찬가지다.

우리가 근대 물리학이라는 특정 이론 체계를

[1]   Sandra G. Harding, *The Science Question in Feminism*(Cornell University Press, 1986).

따르는 것은 세상의 모습이 실제로 그러해서가 아니다. 철학의 한 갈래에서 출발한 자연과학은 수학이라는 도구를 얻고 자연을 기계로 개념화하는 작업을 거치면서 근대 물리학으로 거듭났다. 만약 자연을 하나의 기계로 보는 시각이 사람들 사이에 공유되지 않았다면 근대 물리학은 세계를 설명하는 이론으로 받아들여지지 않았을 것이다. 자연에 대한 과학적 설명이 참된 지식으로 수용되려면 사람들 사이에 먼저 사회적으로 익숙하고 합의된 자연의 상이 있어야 한다.

하딩은 물리학의 논제가 생물학이나 사회 과학의 논제보다 오히려 덜 복잡하다고 봤다. 인간과 사회의 영향에서 완전히 자유로운 천체 운동, 전자의 운동을 떠올려 보자. 물리학이 인간의 성찰이나 의도에 영향받지 않는 물체의 운동을 연구하는 학문이라면, 거꾸로 물리학 이론이 인간의 의식적 행위에 대해서는 말할 수 있는 바가 적다는 뜻이다. 물리학은 인간이 명백히 의도를 품고 저지른 일이나 충동적이고 비합리적인 행동 모두 설명하지 못한다.

이렇게 보면 통념과 달리 사회적 가치의 영향을 받지 않는 과학일수록 그 설명력은 훨씬 제한적이라는 의미가 된다. 과학의 사다리를 뒤집는 발상의 전환이다. 미국 콜로라도대학 물리학과 명예 교수인 바버라 휘튼 역시 과학에서 물리학이 근원적인 과학이라는 세간의 믿음에 물질의 기본 구성 요소를 연구하는 분야야말로 가장 근원적이고 뛰어난 과학이라는 전제가 깔려 있다고 지적했다.[2]

과학의 사다리에서 물리학이 높은 자리를 차지하게 된 배경은 무엇인가? 하딩은 물리학의 권위가 1920년대에 결성된 철학자와 과학자의 모임인 빈학파의 활동에서 비롯되었다고 설명한다.[3] '모든 과학은 궁극적으로 물리학이라는 하나의 이론으로 환원된다'는 그들의 강령이 유럽과 미국 전역에 적극적으로 전파되었기 때문이다. 미국 스탠퍼드대학의 과학사 교수 론다 쉬빈저는 미국이 핵무기를 이용해 2차 세계대전에서 승리를 거두면서 그에 기여한 물리학이 지금과 같은 지위에 오르게 되었다고 분석한다.[4] 물리학의 권위는 물리학의 본질적

2   Barbara L. Whitten, "What physics is fundamental physics? Feminist implications of physicists' debate over the superconducting supercollider," *NWSA Journal* Vol.8 no.2 (1996), pp.1~16.

3   Sandra G. Harding, Op. cit.

4   Londa Schiebinger, *Has Feminism Changed Science?*(Har-

인 속성이 아니라 100여 년에 걸친 역사적, 사회적 맥락에 의해 만들어진 것이다.

물리학계의 무심함

"물리학은 남자가 발명한 것이다." 2018년 9월, 이탈리아 피사대학 물리학과 교수 알렉산드로 스트루미아는 유럽입자물리연구소의 '고에너지 이론과 젠더' 워크숍 발표에서 과학계의 성평등을 요구하는 여성들을 실력도 없이 요구만 하는 존재로 묘사했다. 그는 거센 비판을 받고 유럽 입자물리연구소의 객원 교수직을 박탈당했다.[5]

　물리학 지식이 사회적 가치에 무심한 이미지인 것과 달리 그 지식이 만들어지는 현장은 성차별 문제에서 자유롭지 않다. 2017년 미국 대학 학부 과정에서 물리학을 전공하는 여학생 455명을 조사한 결과, 그중 74.3퍼센트가 학교를 다니며 최소 한 번 이상 성희롱을 경험한 적 있다고 답했다.[6]

　　vard University, 2001).

5　　"'Physics was built by men': Cern suspends scientist over remarks", *The Guardian*, 2018년 10월 1일.

6　　Lauren M. Aycock, et al., "Sexual harassment reported by

무엇보다 물리학은 수학, 천문학과 함께 여성 과학자 비율이 극히 낮은 분야로 알려져 있다. 2019년 기준 서울대 물리천문학부 전체 학부생 중 여학생 비율은 7퍼센트로, 36퍼센트인 생명과학부보다도 훨씬 낮다. 물리학과 전임 교수 50명 중 여성은 단 2명에 불과해 자연과학대 내 학부 중 최하위를 기록했다.[7]

2018년 국제 과학 학술지 《플로스 원》에 실린 한 연구에 따르면 이공계 학회지 6000여 개의 논문 100만여 편을 분석한 결과 물리학 논문에서 교신 저자로 이름을 올린 여성 학자의 비율이 13퍼센트로 다른 분야보다 특히 낮았다.[8] 교신 저자는 주로 경력이 많은 연구자가 담당하는데, 이 논문은 물리학 분야에서 매년 여성 교신 저자가 증가해 온 비율로 추산할 때 이러한 성비 불균형이 해소되기까지 향후 258년이 걸릴 것이라고 추산했다.

undergraduate female physicists," *Physical Review Physics Education Research* Vol.15 no.1(2019).

7   서울대학교 다양성위원회, 『서울대학교 다양성 보고서 2019』 (서울대학교 다양성위원회, 2020).

8   Luke Holman, Devi Stuart-Fox, & Cindy E. Hauser, "The gender gap in science: How long until women are equally represented?," *PLoS biology* Vol.16 no.4(2018).

덴마크 교육인류학자 카트리네 하세는 물리학의 양식이 남성화되어 있다고 지적한다.[9] 그가 말하는 과학의 양식이란 특정 과학을 교육받고 연구하는 데에 투여되는 감정과 상상, 경험 등을 아우른다. 물리학과 학부 교육 현장을 연구한 하세는 남학생들은 수업 중 여학생들보다 수업을 방해하는 농담이나 장난을 더 많이 치지만 보통 그 행동이 용인된다고 분석했다. 교수의 의도를 거스르는 남학생들은 예의 없고 면학 분위기를 해치는 질타의 대상이 되기보다 창의적이고 실험적인 사람, 더 나아가 유망한 물리학자가 될 잠재적 특성을 지닌 인물로 여겨졌다. 남학생들의 돌발 행동이 물리학과의 중심 문화가 된다면 주로 수업 자체에 집중하는 여학생들은 자신의 능력과 물리학자로서의 진로를 회의하다가 학계를 떠날지 모른다.

그렇다면 남성 중심의 물리학 양식은 물리학 지식에 어떻게 영향을 미칠까? 물리학을 연구하

9   Cathrine Hasse, "Gender Diversity in Play With Physics: The Problem of Premises for Participation in Activities," *Mind, Culture, and Activity* Vol.9 no.4(2002), pp.250~269; "Learning Physics Space: The Social Designation of Institutional Culture," *Folk. Journal of the Danish Ethnographic Society* Vol.44(2002), pp.171~194.

는 양식 그 자체가 물리학 지식인 것은 아니다. 그러나 어떤 과학 이론이나 가설을 평가할 때 그 이론을 발표한 과학자가 추구하는 가치나 선호, 동료 과학자의 관계 등 지식과 무관하게 보이는 요소가 영향을 준다. 미국 스와스모어대학 물리천문학과 교수 에이미 버그는 유독 고독한 탐구자의 이미지로 그려지는 물리학자 역시 과학자 공동체의 일원임을 강조한다.[10]

물리학계의 성비 불균형과 물리학 지식의 관계에 대해서는 아직 구체적으로 밝혀진 것이 많지 않다. 다만 지금껏 물리학계의 여성 소수 현상이 과학 정책의 문제로만 고려되었을 뿐 지식의 문제로는 다루어지지 않았다는 점은 확실하다. 이는 "만약 아인슈타인이 여자였다면 상대성 이론이 달라졌을까?"와 같은 질문에 답을 찾자는 이야기가 아니다. 과학자의 성과 과학의 양식, 과학 지식 사이의 관계는 그렇게 단순하지 않다. 이 복잡한 관계를 이해하기 위해서는 물리학과 페미니즘이 결합해야 한다.

10   Amy Bug, "Has Feminism Changed Physics?," *Signs: Journal of Women in Culture and Society* Vol.28 no.3(2003), pp.881~899.

지금보다 나은 물리학

물리학과 페미니즘의 결합은 지금까지 물리학에 주어지지 않았던 질문을 던진다. 물리학과 사회의 관계, 물리학과 군사 기술의 관계, 물리학계의 연구자 집단 구성 및 교육·자원 배분에 관한 질문 등 새로운 연결 지점은 얼마든지 있다.

예를 들어 휘튼은 다음과 같은 페미니스트 물리학 프로젝트가 가능하다고 제안했다.[11] 지식의 주체와 대상을 분리하는 이분법에 도전하는 프로젝트, 물리학을 덜 환원주의적인 방식으로 재개념화하는 프로젝트, 물리학으로 지역이나 사회의 문제를 해결하는 프로젝트, 물리학의 사회적·정치적 맥락을 연구하는 프로젝트, 물리학계의 다양성을 개선하는 프로젝트, 물리학 교육을 변화시키는 프로젝트 등이다. 이러한 프로젝트의 핵심은 물리학계의 성비 불균형과 물리학의 남성적 양식을 학문의 본질과 무관한 문제로 보지 않는 데 있다.

미국 캘리포니아주립대 산타크루즈 여성학과

---

11   Barbara L. Whitten, "(Baby) Steps toward feminist physics," *Journal of Women and Minorities in Science and Engineering* Vol.18 no.2(2012), pp.115~134.

교수 캐런 배럿은 지식의 주체와 대상을 이분법적으로 구분한 기존 시각에 도전하며 페미니스트 물리학 프로젝트를 진행해 온 페미니스트 이론가이자 이론 물리학자다. 배럿은 양자 물리학자 닐스 보어의 양자 역학 해석을 바탕으로 이를 페미니즘으로 재해석하는 전례 없는 작업을 시도한다.[12] 어떤 사물을 보려면 빛이 필요하다. 그런데 양자 역학에서 빛과 물체가 상호 작용할 때 빛은 파동이 아닌 운동량을 가진 입자로 존재하므로 관찰 여부에 따라 물체의 운동이 달라진다. 그는 관찰 대상과 측정 장치의 상호 작용에 주목한 보어의 해석을 확장해 관찰 대상과 측정 장치, 인간 관찰자를 서로 분리된 개별 존재가 아닌 한데 얽힌 하나의 현상으로 보아야 한다고 강조한다.

배럿의 연구에서 실험 물리학자는 자연이 보여 주는 그대로를 보는 순진한 관찰자가 아니다. 실험 물리학 연구란 고도의 훈련을 받은 물리학자가 복잡한 측정 장치를 고안하고, 반복된 실험을 거쳐 그 장치의 오류와 잡음을 보정하며, 장치에서

---

12 Karen Barad, *Meeting the Universe Halfway*(Duke university Press, 2007).

나온 데이터를 분석하는 일련의 행위로 이루어진다. 물리학자는 연구 과정을 관찰하는 동안 끊임없이 선택을 내리며 각 단계의 선택은 관측 결과, 나아가 현상을 결정짓는다. 물리학자의 성과 가치관, 연구 수행 양식이 연구 과정 중의 선택에 영향을 주는 요소라는 점을 인정한다면 이들 요소가 물리학 지식의 문제임을 부인하기 어렵다.

물리학은 성차별적일까? 에이미 버그는 대답 대신 다른 질문을 던졌다. "현재의 물리학은 인류가 만들 수 있는 최고의 물리학일까?" 최고의 물리학이 어떤 모습일지 지금은 알기 어렵다. 페미니스트 과학학자인 세라 프랭클린은 이론이 아닌 실험실 현장에서 세포핵의 실물을 처음 본 순간을 이렇게 설명했다. 현미경의 각도를 달리해 가며 끙끙댄 끝에 드디어 세포핵이 모습을 드러냈지만, 그 실상은 자신이 처음 상상하고 기대한 것과 완전히 달랐다고.[13] 페미니스트 철학자 주디스 버틀러가 강조했듯이 반복적인 수행이 중요하다.[14] 이론이나 선

---

13   Sarah Franklin, "Re-Thinking Nature-Culture: Anthropology and the New Genetics," *Anthropological Theory* Vol. 3 no. 1(2003), pp.65~85.

14   Judith Butler, *Gender Trouble: Feminism and the Subversion*

언이 아니라 무수히 반복되는 시도가 새로운 물리학을 만든다. 페미니즘과 물리학의 다양한 결합이 때로는 실패하고 때로는 확신을 얻는 과정 속에서 우리는 최소한 지금과는 다른, 지금보다 나은 물리학을 찾을 수 있다.

배럿은 실제로 이론과 현실 모두에서 그런 수행을 반복하는 물리학자다. 그는 물리학 교육이 의미와 이해보다는 무책임한 재미를 가르친다고 꼬집으며 이런 교육 방식이 물리학 분야의 남성 중심적인 문화와 연결된다고 지적했다.[15] 그는 자신이 속한 미국 캘리포니아주립대학에 과학과 정의를 연구하는 모임과 대학원 프로그램을 개설해 사회적인 책임감을 중요한 연구 목적으로 삼는 물리학자를 양성하고 있다.[16]

물리학계가 지금처럼 남성으로만 채워져 고정된 연구 양식대로 발전한다면 우리는 최고의 물리학을 상상조차 하지 못할 것이다. 지금까지 수업을

    of identity(New York: Routledge, 1990); 주디스 버틀러, 조현준 옮김, 『젠더 트러블』(문학동네, 2008).

15   Londa Schiebinger, Op. cit.

16   Juelskjær, Malou & Nete Schwennesen, "Intra-active entanglements–An interview with Karen Barad," *Kvinder, Køn & Forskning* Vol.1~2 (2012), pp.10~23.

방해하는 남학생들의 장난기 어린 행동이 근거 없이 창의적인 물리학자의 특징으로 여겨졌다면, 당장은 물리학 지식과 무관해 보이는 양식들이 물리학을 바꿀 가능성을 열지 않을까?

11장

21세기 사이보그의 형상

인간의 몸에 기계가 결합한 사이보그는 SF 작품에나 등장하는 가상의 존재처럼 느껴진다. 그런데 '기술과 결합한 생명체'라는 넓은 의미로 보면 치아 보철물로 음식을 씹는 사람, 렌즈 삽입술로 시력이 좋아진 사람, 성형 수술로 다친 얼굴을 되찾은 사람도 사이보그다. 태어날 때부터 죽는 순간까지 의학 기술과 무관하지 않은 현대인은 거의 없다. 21세기를 살아가는 우리는 모두 사이보그라고 해도 과언이 아니다.

사이보그는 여성과 현대 기술 사이를 잇는 유명한 상징이다. 1985년 미국의 페미니스트 과학기술학자 도나 해러웨이는 여성과 기술이 새로운 관계를 맺을 수 있다고 주장하는 「사이보그 선언문」

을 발표했다.[1] 과학기술의 남성성에 대한 비판에 그치지 않고 여성과 기술에 대한 인식의 전환을 촉구한 해러웨이의 선언문은 분과 학문을 넘어 큰 영향력을 미쳤다. 발표된 지 40년이 지난 지금까지 저마다의 필요와 동기에 따라 몸을 변형하는 기술을 취하는 21세기 여성들에게 중요한 메시지를 주는 글이다.

기술을 두려워하지 않는 여성

「사이보그 선언문」은 발표 즉시 주목받았다. 당시 미국 사회에서 통용되었던 사이보그의 이미지를 완전히 비틀어 놓은 글이었기 때문이다. 사이보그라는 개념은 1960년 미국 엔지니어 맨프레드 클라인스와 의사 네이슨 클라인의 논문 「사이보그와 우주」에서 지구와 다른 환경에서도 생존 가능한 우주

1   Donna Haraway, "A Cyborg Manifesto: Science, Technology, and Socialist-Feminism in the Late Twentieth Century," *Simians, Cyborgs and Women: The Reinvention of Nature*(New York; Routledge, 1991), pp.149~181. 1985년 판본은 *Socialist Review* Vol.80에 실렸다. 도나 해러웨이, 황희선 옮김, 「사이보그 선언: 20세기 후반의 과학, 기술 그리고 사회주의 페미니즘」, 『해러웨이 선언문』(책세상, 2019).

인을 뜻하는 말로 처음 등장했다.[2] 이후 미국에서 사이보그는 첨단 과학기술을 상징하는 존재로 대중화됐다.

1970년대 중반에는 초인적인 능력을 지닌 사이보그 남성이 주인공인 TV 드라마 「600만 달러의 사나이」가 큰 인기를 끌었다. 1970~1980년대는 냉전의 도구인 과학기술에 대한 적대감과 근대성에 대한 회의가 진보 진영을 중심으로 강하게 번진 시기이기도 했다. '20세기 후반의 과학, 기술, 사회주의 페미니즘'이라는 「사이보그 선언문」의 부제는 이러한 시대적 맥락을 반영한다. 20세기 후반 사람들의 과학기술에 대한 반응은 열광 또는 거부로 나뉘었고, 사회주의 페미니즘은 후자에 속했다.

「사이보그 선언문」은 사회주의 페미니스트인 해러웨이가 냉전 과학의 산물이자 남성적 기술의 상징인 사이보그를 무조건 비판하지 않는다는 점에서 신선한 충격을 주었다. 해러웨이는 기술이 여성을 지배하기도 하지만 여성이 기술을 통해 해방되기도 한다는 기술의 양면성에 주목했다. 여성의

2   Manfred Clynes & Nathan Kline, "Cyborgs and Space," *Astronautics*(1960).

몸에 남성적 기술이 결합한 결과물인 사이보그는 순수할 수 없다. 이 불순함 때문에 사이보그는 끝내 자신의 기원을 배신하게 된다.

「사이보그 선언문」의 핵심 단어는 '모순'이다. 해러웨이는 냉전에 복무하는 우주 전사를 상징했던 사이보그를 기술과의 결합을 두려워하지 않는 여성의 상징으로 바꿨다. 여성은 과학기술에 충실한 동시에 배반하는 모순의 전략을 택할 수 있다고 본 것이다. 이러한 전략은 억압 아니면 해방의 언어로 기술되어 온 여성과 기술의 경직된 관계를 전복할 가능성을 열어 준다. 여성이 기술을 변화시키는 주체가 될 수 있다는 인식은 기술의 소비와 생산에 대한 여성의 적극적인 개입을 촉구했다.

20세기 사이보그의
성형 수술 퍼포먼스

해러웨이의 글은 출간 후 수십 년이 지난 지금까지 수많은 학자에 의해 해석되고 있다. 사이보그라는 상징과 그 해석에 영감받은 작가들은 작품으로 다양한 사이보그를 창조해 왔다. 그중에서도 프랑스 행위예술가 오를랑의 성형 수술 퍼포먼스는 특히 인상적이다.

오를랑은 1990년부터 1993년까지 아홉 번 성형 수술을 받았다. 자신의 몸으로 가부장적 미의 규범을 비트는 행위 예술을 하기 위해서. 「성녀 오를랑의 환생」이라는 작품에서 그는 레오나르도 다빈치, 산드로 보티첼리, 귀스타브 모로와 같은 서양 미술사의 거장이 남긴 명화 속 여성의 이마, 코, 목 등을 부위별로 모방하는 수술을 했다. 과거의 미의 규범에 맞춰 변형된 그의 얼굴은 전형적인 미와는 거리가 멀었다. 관자놀이에 넣은 보형물로 그는 마치 뿔 달린 괴물처럼 보였다.

성형 수술을 받는 과정도 예술의 일부로 다루어졌다. 보통 성형 수술이라고 하면 수술을 받는 사람이 의료 행위의 대상으로 수술대 위에 누워 있는 이미지를 떠올린다. 오를랑은 모든 과정을 미리 계획하고 영상에 담았다. 수술 도중에는 최후의 만찬에서 예수가 제자들에게 "받아먹어라, 이것은 내 몸이다." "이것은 내 피다."라고 한 말을 패러디해 "이것은 내 몸이다." "이것은 내 소프트웨어다."라고 선언하기도 했다. 자신의 몸과 나란히 성형 기술까지 주체적으로 통제하는 당당한 여성의 모습이다.

해러웨이가 냉전 시기 미국과 소련의 우주 전쟁 과정에서 탄생한 사이보그를 페미니즘의 주체로 전유했듯 오를랑은 여성의 몸을 대상화하고 여성에게 획일적인 미를 강요하는 성형 수술을 페미니즘의 방식으로 활용한다. 일반적인 성형 수술이 마치 수술받지 않은 양 자연스러운 미를 추구하는 데 반해 오를랑은 그 과정을 공개해 보이지 않는 성형 수술에 정면으로 도전했다. 의도적으로 그로테스크한 얼굴을 택해 사람들이 아름답게 여기지 않을 괴물이 됨으로써 성형 수술을 가부장적 미를 실현하는 도구가 아닌 페미니스트 미학의 도구로 전유했다. 오를랑의 퍼포먼스는 "기계를 다루는 기술에서 느끼는 강한 쾌감은 더 이상 죄가 아니고, 체현의 한 양상이 될 뿐이다."라는 「사이보그 선언문」의 한 구절을 그대로 실현한 듯하다.[3]

한편 최근의 페미니스트 과학기술학자들은 그동안 해러웨이의 사이보그 개념이 현실에 존재하기 어려울 정도로 해방적이고 초월적인 존재로 상상되었다고 지적한다. 신유물론 페미니스트이자 환경인문학자인 스테이시 앨러이모는 사이보그란

3   Donna Haraway, Op. cit.

허구의 존재가 아니며, 사이보그라는 상징이 강조하는 과학과 여성 사이의 경계 허물기를 이해하려면 둘을 잇는 실제 물질을 봐야 한다고 강조했다.[4] 「사이보그 선언문」는 여성이 생물학적 속박에서 벗어나 진정 원하는 몸을 가지라는 주문에 그치지 않는다. 특히 여성의 몸에 결합하는 기술이 대중화된 21세기 한국 사회에서 그 의미는 새롭게 조명될 필요가 있다.

성형대국 한국의 현실

한국은 세계적인 성형대국이다. 2012년 세계 미용성형외과의사 협회는 인구 1만 명당 성형 시술 건수에서 한국이 세계 1위를 차지했다고 보고했다. 성형외과 전문의 숫자 역시 인구 3800명당 1명으로 세계에서 가장 많았다.[5] 한류 열풍으로 한국의 수준 높은 성형 기술이 널리 알려지면서 문화 관광

---

4   Stacy Alaimo, "Cyborg and ecofeminist interventions: Challenges for an environmental feminism," *Feminist Studies* Vol. 20 no.1(1994), pp.133~152.

5   신명수, 「한국 미용성형외과의 현재와 미래」, 《대한의사협회지》 54권 6호(2011), 581~588쪽.

외에 의료 관광을 하러 오는 사람들도 많아졌다.

성형 수술 소비자는 대부분 여성이다. 2020년의 한 조사에서 19세 이상 한국 남녀 중 성형 수술을 해본 적 있는 사람의 비율은 남성이 2퍼센트, 여성이 18퍼센트였다. 20대와 30대 여성의 성형 경험 비율이 훨씬 높아 각각 25퍼센트, 31퍼센트에 이르렀다.[6] 21세기의 젊은 한국 여성들의 모습은 20세기 사이보그 전사를 닮았다. 살아가기 힘든 환경에서 생존하고자 스스로 자신의 몸을 개선한다는 점에서 그렇다. 해러웨이의 글에서 튀어나온 듯한 이들은 몸과 기술의 결합을 두려워하며 타고난 몸, 주어진 몸에 맞추어 살기보다, 기술의 힘을 빌려 원하는 몸을 갖는 쪽을 택한다.

전쟁 중 얼굴이 심하게 손상된 군인을 위해 개발된 안면 성형 수술은 이제 여성의 얼굴을 아름답게 만드는 데 쓰인다. 그런데 성형 수술은 흔히 의사가 가진 전문 지식이나 수술 기법과 동일시된다. 지하철역에서 곧잘 눈에 띄는 성형외과 광고들은 수술 전후 여성 신체에 어떤 변화가 일어나는지를

---

6 한국갤럽, 「갤럽리포트: 외모와 성형수술에 대한 인식」, 2020년 2월 20일.

부위마다 비교하는 방식으로 수술 효과를 제시한다. 다이어트와 스타일링 컨설팅, 출연자의 외모를 변화시키는 메이크오버 프로그램은 변신 전 외모 편견에 시달려 온 여성의 고통과 변신 후 연예인처럼 아름다워진 여성의 환희를 극적으로 대비시킨다. 대중문화와 결합한 성형 산업은 해러웨이의 선언문보다 강력한 방식으로 여성들에게 기술을 선택해 타고난 몸에서 해방되라고 촉구한다.

하지만 현실의 사이보그는 선언과 선택만으로 만들어지지 않는다. 성형 기술의 실제 작동은 다른 외과 수술이 작동하는 방식과 다르지 않기 때문이다. 성형 수술의 수행에는 의사 외에 간호 및 상담, 병원 경영 등을 담당하는 인력이 필요하며, 수술 중은 물론이고 수술 전후 상담 및 회복 과정에 여러 약품과 도구, 장비, 공간 등이 동원된다. 성형 수술을 받는 여성이 사이보그가 되는 과정에는 정상적인 몸을 규정하는 의학 지식 체계와 외모 지상주의 담론 외에 일일이 열거하기 어려운 물질과 지식, 노동이 개입한다고 보아야 한다.[7]

7   So Yeon Leem, "The anxious production of beauty: Unruly bodies, surgical anxiety and invisible care," *Social Studies of Science* Vol.46 no.1(2016), pp.34~55. 임소연, 「성형외과에

성형 수술의 실제 효과는 이 모든 과정을 거친 후에야 확인할 수 있다. 미용을 목적으로 하는 치료를 목적으로 하든 모든 수술은 수술받는 사람이 원래 가진 몸에서 이루어진다. 해러웨이의 상징은 자칫 생물학으로부터의 해방이나 기술을 향한 낙관론으로 오해되기 쉽지만, 몸과 결합하는 어떤 기술도 몸을 완전히 초월할 수 없으며 인간 역시 기술을 완벽하게 통제하거나 예측할 수 없다. 기술을 선택한 것만으로 사이보그가 될 수는 없다. 그것은 사이보그가 되어 가는 긴 과정의 시작점일 뿐이다.

선언에서 돌봄으로

「사이보그 선언문」의 핵심인 모순의 전략은 21세기 현실의 사이보그에게 여전히 유효하다. 성형 수술처럼 사회적 논란의 대상이 되는 기술에 특히 필요한 전략이기도 하다. 성형 수술은 선천적으로 결함 있는 신체를 재건한다는 윤리적 목적 여부에 따라 좋은 성형과 나쁜 성형으로 손쉽게 구분된다. 여성에게 엄격한 미의 기준을 요구하는 한국 사회

연루되다」, 『겸손한 목격자들』(에디토리얼, 2021) 참고.

에서 성형 수술을 받은 여성들은 곧 동경과 비판, 희화화의 대상이 된다. 그런데 정작 성형 수술 논의에서 수술의 실제 효과에 대한 평가는 잘 다루어지지 않는다.

몸에 결합하는 기술의 진짜 효과를 확인하려면 성형 수술을 한 여성들'에 대한' 이야기가 아닌 그들'의' 이야기가 필요하다. 이들이 왜 수술을 선택하게 됐는지에 관한 해묵은 사연이 아니라, 기술과 결합한 몸의 경험이 어땠는지, 수술 이후의 삶이 어떤지를 들어야 한다는 말이다. 사이보그가 되어 본 여성들은 안다. 사이보그란 기술과 몸이 결합하는 순간에 태어나는 것이 아니라 몸과 끊임없이 타협하고 협상하며 몸을 돌보는 과정에서 만들어지는 것임을. 항생제와 진통제를 먹고, 부기를 내리려 찜질하고, 일부러 베개를 높이 베고 음식을 잘게 갈아 마시는 수고를 다하는 일들을.

현실의 사이보그는 기술을 통해 변화한 몸과 익숙해지는 과정을 거치며 살아가야만 한다. 수술 덕분에 더 예뻐졌는지, 수술 결과가 내게 만족감을 줬는지, 성형 후의 삶이 행복한지 등은 변화한 몸과 맺은 새로운 관계의 결과물이지 기술 자체의 결과가 아니다. 사이보그가 된다는 것은 성공과 실패

중 하나를 선택하는 객관식 문제 풀이가 아니라 성공과 실패 사이를 오가는 긴 주관식 답안을 적는 과정과 비슷하다. 이 답안은 기술에 충실하면서 기술을 배반하는 깊은 모순의 이야기다.

네덜란드의 과학기술학자이자 의료인류학자인 아네마리 몰은 기술의 실제 효과를 다루는 사이보그의 이야기란 현대 기술에 대한 가장 강력한 비판이자 지금의 기술을 더 나은 모습으로 개선하는 유용한 자원이라고 말한다.[8] 그리고 그들의 말은 선언이 아닌 돌봄의 이야기다. 소프트웨어처럼 마음대로 쓰고 다시 덧쓰는 몸의 주인으로 쾌감을 느끼며 남기는 선언과 다르다. 예측과 통제가 불가능하고, 나의 것이지만 나의 것이 아닌 몸에 순응하기도 했다가 저항하기도 했다가, 서로 설득하기도 하고 도구의 힘을 빌려 제압하기도 하는 엉망진창인 일상의 기록이다. 돌봄의 이야기는 나의 선택만으로 몸을 쉽게 통제하리라 믿는 여성들에게 보내는 현실적인 조언이자, 몸을 바꾸는 기술을 더 안전하고 만족스럽게 개선하려는 사람들에게 꼭 필

8   Annemarie Mol, *The Body Multiple*(Duke University Press, 2002); 아네마리 몰, 송은주·임소연 옮김, 『바디멀티플: 의료실천에서의 존재론』(그린비, 2022).

요한 정보로 쓰일 것이다.

　20세기에 탄생한 해러웨이의 사이보그는 몸과 기술의 결합을 선언하는 여성을 대신했다. 21세기 사이보그는 기술과 결합된 몸을 돌보는 여성을 상징한다. 사이보그로서 몸을 돌보는 여성들의 이야기가 과학과 의학의 도움을 받은 다른 사이보그의 돌봄 이야기와 연결된다면 인간은 더 이상 인간이 기술에 지배당할지 모른다는 환상에도, 인간이 기술을 완전히 지배할 수 있다는 환상에도 빠지지 않고 사이보그의 삶을 살아갈 수 있을 것이다.

12장

인류세의
위기에 맞서기

재난과 위기는 여성에게 더 가혹하다. 어려운 환경에서 다른 존재를 돕는 일은 대개 여성의 몫이다. 코로나19 유행으로 학교와 돌봄 시설이 차례로 문을 닫자 많은 여성이 마지막에 마지막까지 버티다 일을 그만두었다. 경력이 끊겨 다시 일하지 못할 위험을 감수하면서까지 아이의 생활과 교육을 책임지는 쪽은 대체로 어머니다. 대형 병원과 요양 시설에서 폭발하는 코로나19 환자의 상태를 살피고 돌본 간호사와 간병인들은 대부분 여성이다. 위기에 처한 아동과 노인, 환자, 장애인을 돌보는 책임을 수시로 떠맡는 여자들은 사람만이 아니라 자연을 돌볼 책임까지 진다.

　인류와 지구를 구하는 것은 어머니와 주부, 여

성의 몫일까? 인간이 만든 새로운 지질 시대를 뜻하는 인류세는 2000년 노벨화학상을 수상한 파울 크뤼첸이 제안한 단어다. 최근 몇 년 사이에는 기후 위기 담론이 확산되면서 대중 매체에서도 종종 쓰인다. 인류세의 난제로 꼽히는 기후 변화와 생태계 파괴 현상은 과학기술이 자연을 과도하게 착취하면서 심각성을 더해 갔다.

자연과 여성의 역사

자연을 상상하거나 표현할 때 우리는 곧잘 여성의 이미지를 떠올린다. 서구 언어에서 자연은 보통 여성형 명사로 취급되며, 자연의 풍요로움을 가리키는 '어머니 자연(Mother Nature)'이라는 관용구도 있다. 고대 신화에서도 자연에는 주로 여신의 이름과 형상이 부여됐다. 그리스 신화 속 대지의 여신이자 만물의 어머니인 가이아는 1970년대에 발표된 현대 과학 이론의 표상으로 다시 소환됐다. 영국 과학자 제임스 러브록은 지구를 생물과 무생물이 상호 작용하며 스스로 변화하는 일종의 유기체로 보는 가설에 가이아 이론이라는 이름을 붙였다.[1]

한때 여신에 비견되는 숭배와 경외의 대상이었던 자연은 근현대 사회를 거치면서 인간의 필요에 따라 사용 가능한 대상으로 취급받게 되었다. 한편 가부장제 사회의 모성 이데올로기는 오랫동안 여성에게 출산과 양육, 돌봄 등의 노동을 강요해 왔다. 가이아 이론이 발표된 무렵 프랑스 페미니스트 프랑수아즈 드본은 자연과 여성 사이의 연관성에 주목한 『페미니즘 혹은 죽음』이라는 책을 펴냈다.[2] 자연과 여성에 대한 과도한 착취가 인구 과밀과 생태계 파괴라는 이중 위기를 가져왔다고 주장하는 이 책에서 생태주의와 페미니즘을 결합한 에코페미니즘이라는 용어가 처음 등장했다.

미국 환경사학자 캐럴린 머천트는 드본의 주장에 과학기술에 대한 분석을 더했다. 1980년에 출간된 머천트의 『자연의 죽음』은 15세기부터 17세기에 걸쳐 유럽의 자본주의와 근대 과학이 자연과 여성을 도구화하고 지배해 온 역사를 추적한다.[3]

1   제임스 러브록, 홍욱희 옮김, 『가이아』(갈라파고스, 2004).
2   최근 영문으로 번역 출간되었다. Françoise d'Eaubonne, *Feminism or Death: How the Women's Movement Can Save the Planet*(Verso Books, 2022).
3   캐롤린 머천트, 전규찬·이윤숙·전유경 옮김, 『자연의 죽음』(미토, 2005).

근대 과학은 자연을 분석 가능한 기계로 보는 세계관을 제공했다. 자연이 내재하는 힘이 아니라 그 바깥의 요소로 작동된다는 관점은 자연을 수동적인 물질로 보고, 인간은 그 작동 원리를 파헤쳐 조작할 수 있다는 믿음을 낳았다.

기계론적 세계관이 만든 그릇된 믿음은 무분별한 자연 개발을 정당화하고 유럽의 자본주의를 살찌운 원천이었다. 머천트에 따르면 이러한 '자연의 죽음'은 여성의 죽음을 동반했다. 근대 과학이 싹트던 16~17세기 유럽에서 신생 학문인 과학의 지지자들은 실험이라는 방법론을 내세워 자연을 분석하고 조작했다. 산과 땅을 파헤치고 광석을 캐내는 산업은 자연을 강간하고 지구의 자궁을 오염시키는 행위에 비유됐다. 근대 과학이 출현한 시기는 여성 수만 명이 마녀재판으로 처형당한 시기와도 겹친다. 자연이 과학의 이름으로 취조당했듯 수많은 여성이 동물과 교감하거나 직접 약초를 만들어 병을 치료했다는 죄목으로 고문받고 죽었다.

이것이 자연과 여성에 대한 유구한 착취의 역사다. 그러나 이는 인류와 지구를 되살릴 잠재력이 다름 아닌 여성에게 있다는 점을 역으로 시사하기도 한다. 에코페미니즘은 생명력과 창조력을 빼

앗긴 채 단절되었던 자연과 여성의 풍부한 관계를 복원할 수 있다면, 여성이 자연을 관리하는 주체로 나서서 우리 세상을 지속 가능하게 바꿀 수 있다고 말한다.

실제로 에코페미니즘의 주장은 20세기 말 환경 문제의 해결책으로 수용되기도 했다. 1992년 브라질 리우데자네이루에서는 지구 환경 보존과 지속 가능한 개발을 논의하는 세계 정상 회담이 열렸다. 회담의 결과물인 리우 선언은 환경과 개발에 대한 27개 기본 원칙을 수록하는데, 그중 스무 번째로 "여성이 환경 관리 개발에 중요한 역할을 맡는다."라는 내용이 명시되어 있다.[4] 이는 에코페미니즘이 남긴 가장 큰 성과로 꼽힌다.[5]

자취를 감춘 에코페미니즘

국제 환경 정치에서 에코페미니즘이 이론적 자원

---

4   환경부의 법령 및 정책 자료 게시판에서 리우 선언 국문 전문을 볼 수 있다. 환경부, 「환경과 개발에 관한 리우 선언」, 2000년 11월 28일.

5   Emma Foster, "Ecofeminism revisited: critical insights on contemporary environmental governance," *Feminist Theory* Vol. 22 no.2(2021), pp.190~205.

으로 받아들여진 배경에는 1975년 최초로 열린 유엔 여성 회의에서 논의된 '여성을 위한 10년(Decade for Women)' 프로그램이 있다. 1975년부터 10년을 전 세계 여성의 권리와 기회를 증진할 시간으로 삼고 여성의 역량 개발에 많은 자원을 투입한 프로그램이다.

다만 에코페미니스트의 주장이 국제 정치의 제도권에 비교적 쉽게 편입된 데에는 에코페미니즘이 여성에게 부여한 역할과 권한이 남성 권력에 크게 위협적이지 않다는 점을 부인하기 어렵다. 이러한 의구심은 에코페미니즘에 대한 학문적인 비판, 특히 페미니스트 관점의 비판에서 제기되었다. 지금도 페미니스트를 자처하는 사람 중에 자연과 여성을 동일시하는 에코페미니즘의 주장을 여성의 역할을 제한하고 남성이 지배하는 구조에 복무하는 순진한 발상으로 여기는 사람이 적지 않다. 전통적인 여성상과 모성 이데올로기를 강화할 위험이 큰 에코페미니스트들의 주장은 여성의 본질을 생물학적 몸에 제한하지 않고 여성의 범주를 확장하려 한 페미니즘의 기조와 맞지 않았다. 그 때문에 최근까지도 서양 페미니즘 이론가들의 핵심 논의에서 에코페미니즘은 잘 보이지 않는다.

2012년 리우 선언 20주년을 기념해 이전과 같은 장소에서 개최된 리우+20 정상 회의에서는 여성의 정치적 영향력을 확인하기 어려웠다. 개막식에서 공개된 영상 「인류세에 오신 것을 환영합니다」는 "우리는 과거를 만들었고 현재를 만들며 미래를 만들 수 있다."라는 문장으로 끝난다. 지구라는 행성에 미치는 인간의 힘을 확신하는 인류세의 성찰은 과거의 오류를 답습하고 있다.

리우+20 회의는 인류가 직면한 환경 문제를 인간이 만든 것인 동시에 인간이 해결할 수 있는 것으로 그렸다. 그리고 그 해결책은 과학기술과 '녹색 경제'라는 이름이 붙은 자본주의 시스템이었다. 인류세의 위기는 전통적으로 남성의 영역으로 여겨지는 과학기술과 시장 경제를 통해 극복될 것이었다. 과학자나 엔지니어, 경제학자가 나서야 할 오늘날의 환경 문제에 에코페미니스트가 개입할 여지는 크지 않아 보인다.

여성의 삶과 지식이
모두를 살린다

하지만 생태주의자와 환경주의자들이 여러 차례

강조하듯 과학기술과 시장 경제의 개선만으로는 기후 위기를 극복하기는 어렵다. 가상의 이산화탄소 배출권을 사고팔거나 미래가 불투명한 대체 에너지를 개발하는 것만으로 인간이 지층에 새긴 거대한 변화를 되돌릴 수 없음은 자명하다. 기후 변화에 의한 생태계 교란이 심화될수록 자연의 문제가 여성의 건강, 여성이 아이를 낳고 기르는 재생산 권리, 여성을 향한 폭력과 차별의 해소와 연동되어 있다는 사실은 더욱 선명해지고 있다.[6] 바야흐로 에코페미니즘의 힘을 되찾아야 할 때다.[7]

에코페미니즘의 생명력을 페미니즘 이론의 차원에서 다시 해석해 보자. 자연과 여성의 친연성을 해석하는 에코페미니즘의 입장은 단일하지 않다. 어떤 에코페미니스트는 생물학적으로 아이를 품을 능력이 있다는 이유에서 여성은 자연을 더 존중할

---

6 여성문화이론연구소, 《여/성이론》 제45호(2021년 12월호); Annette Gough & Hilary Whitehouse, "Challenging amnesias: re-collecting feminist new materialism/ecofeminism/climate/education," *Environmental Education Research* Vol.26 no.9~10(2020), pp.1420~1434.

7 Lara Stevens, Peta Tait, & Denise Varney (eds.), *Feminist Ecologies: Changing Environments in the Anthropocene* (Springer, 2017).

잠재적 힘 또는 특질을 가진 존재라고 보지만, 모두가 이 입장에 동의하는 것은 아니다. 특히 사회주의 에코페미니즘은 사회가 강제하는 성별 분업 노동 때문에 자연과 여성이 서로 닮게 된다는 점을 분명히 한다.[8]

자본주의 사회에서 자연과 여성의 친연성은 두 존재에 의존하는 남성의 모습이 감춰지고 재생산 노동을 하는 여성과 자원으로서의 자연이 누군가의 소유물로 전락하는 과정에서 형성된다.

1993년 독일의 사회학자 마리아 미스와 인도의 물리학자이자 환경운동가인 반다나 시바는 자본주의와 제국주의의 착취를 비판하면서 지구와 여성이 중심이 되는 세계를 만들자고 주장했다.[9] 두 에코페미니스트는 억압에 대항하는 여성의 힘을 그들의 생물학적 본질이나 여성이라는 보편적 범주에서 찾지 않았다. 여성의 힘은 인도나 아프리카의 작은 마을, 한국의 농촌 사회처럼 자연과 어울려 사는 지역 공동체의 고유한 경험에서 나온다. 인도 여성들은 서구 벌목 기업보다 훨씬 오랜 기간

8   Emma Foster, Op. cit.
9   마리아 미스·반다나 시바, 손덕수·이난아 옮김, 『에코페미니즘』
     (창비, 2020).

숲을 보존하며 나무를 사용해 왔다. 벌목 기업이 인도 여성의 지식을 무시하고 무리하게 이윤을 추구하다가 재난을 초래한 무수한 사례는 인도에서 에코페미니즘을 소환하는 계기가 되었다. 이러한 에코페미니즘에서는 어머니도, 어머니 자연도 쉽게 통제되거나 지배되지 않는다.

에코페미니즘의 독특한 사유와 운동 방식은 여성 문제를 생태 문제와 함께 고민한다는 점에서 생태주의와 페미니즘 모두와 연관된다. 또 인간과 자연의 관계를 다룬다는 점에서 인간중심주의와 이원론적 사고 체계를 벗어날 방법을 모색하는 국내외 학계의 사상적 흐름과 맞닿는다. 자연과 여성을 동일시하는 관점은 인간과 자연이 서로 의존해 살아가는 현실을 파악하고, 자연이 스스로 재생하는 힘을 갖고 있음을 이해하는 이론적 자원으로 다르게 쓰일 수 있지 않을까.

에코페미니즘의
과학기술 실천

과학기술과 자본주의를 비판하는 에코페미니즘이 혹시 인간이 이룩한 찬란한 문명을 등지고 자연으로 회귀하자는 모호한 외침처럼 들리지 않는가? 초기 문제의식에는 분명 그런 측면이 있다. 하지만 서구 근대 과학의 기계론적 세계관을 철저히 비판한 머천트도 자연과 여성의 회복에 지역 생태 및 지역민의 삶에 맞는 과학기술이 필요하다는 점은 받아들인다.[10]

에코페미니스트에게도 과학기술은 중요하다. 현대 과학기술의 한계는 제1세계 백인 남성이 주류를 이루는 현재의 과학기술자 집단이 제3세계 여성 및 그들과 연결된 자연을 제대로 이해하지 못한다는 구체적인 현실에서 극복되어야 한다.

미국 철학자 캐런 워런은 여성 및 지역의 관점과 결합한 과학기술을 에코페미니즘의 중요한 실천 요소로 꼽았다.[11] 에코페미니즘의 관점이 적용된 과학기술 개발 과정은 지역 문화와 각 지역에서

10   Julia E. Romberger, "Ecofeminist Ethics and Digital Technology," *Ecofeminism and Rhetoric: Critical Perspectives on Sex, Technology, and Discourse*, Douglas A. Vakoch (ed.) (Berghahn Books, 2011), pp.117~144.

11   Karen Warren, "Taking Empirical Data Seriously: An Ecofeminist Philosophical Perspective," *Ecofeminism: Women, Culture, Nature*(Indiana University Press, 1997), pp.3~20.

의 남녀 역할, 생태를 고려한다. 1980년대 아프리카 말라위 지역의 상수도 개발 사업은 과학기술을 현실에 도입할 때 지역 여성의 지식이 얼마나 중요한지를 알려 주는 사례다. 말라위 지역에 깨끗한 물을 공급할 목적으로 시행된 이 사업은 맨 처음 실패로 끝났다. 그 지역 여성을 배제했기 때문이었다.

말라위에서 물을 운반하고 공급하는 역할은 주로 여성이 맡는다. 이들은 마을의 남성 행정가나 서구 엔지니어보다 지역 환경과 물을 더 잘 알고 있다. 엔지니어들이 지역 여성의 지식을 적극적으로 활용하고, 여성들이 관리자로 훈련받아 사업 현장에 투입되면서 지역민의 물 접근성과 수질이 크게 개선됐다.

상수도 개발 사업이 성공하면서 지역의 여성 어린이와 청소년은 매일 무거운 물동이를 이고 지는 일에서 벗어나 학교에 갈 수 있었다. 여성의 교육 접근성을 높이는 부대 효과로 이어진 것이다. 지역 여성이 축적한 주변의 자연에 관한 지식과 노동 경험은 과학기술이 더 효력을 발휘하게 하고, 개선된 과학기술은 여성의 삶의 질과 사회경제적 위상을 높인다. 에코페미니즘과 과학기술은 이러한 선순환 속에서 만난다.

에코페미니스트
엔지니어를 찾다

2021년 4월 22일 지구의 날, 미국 자동차 기업 테슬라의 대표 일론 머스크는 지구 대기의 이산화탄소를 제거할 신기술을 개발하는 사람에게 상금으로 1100억 원을 주겠다고 공표했다. 그는 대재앙을 앞둔 인류가 지구가 아닌 다른 행성에서 거주할 가능성을 찾자며 이른바 화성 탐사 프로젝트를 추진하기도 했다. 서구 남성 엔지니어이자 사업가가 인류세 위기를 극복할 방법으로 내놓은 안이다.

 그런데 과연 머스크가 내건 거액의 상금을 좇아 만들어진 기술이 인도와 아프리카의 수많은 여성과 그들의 삶터를 더 살 만하게 만들까? 인류세라는 위기가 인류의 절반인 여성이 처한 문제에 눈감은 채, 자연을 정복할 수 있다는 자신감만으로 극복될 수 있을까? 에코페미니즘의 이론과 실천은 자연과 여성, 나아가 지구와 인류가 이곳저곳 구석구석 다시 연결될 수 있도록 감지하고 돌보는 과학기술의 중요성을 일깨운다.

"여신이 되기보다는, 차라리 사이보그가 되겠다."

도나 해러웨이의 유명한 선언은 에코페미니즘의 반대편에 선 말처럼 해석되고는 한다.[12] 정작 그는 인간 아닌 세계를 능동적인 주체로 보자고 가장 열정적으로 주장한 이들이 바로 에코페미니스트라 평했다.[13] 해러웨이는 그 어떤 페미니스트보다 물질로서의 자연이 갖는 힘과 저항을 강조한 학자다. 자연은 누군가가 마음대로 이용할 수 있는 자원이 아니며 여성도 마찬가지다.

기후 위기와 감염병 대유행의 시대에 자연과 인간이 공존하려면 경쟁과 지배의 전략 대신 돌봄의 전략이 필요하다고 반다나 시바는 말했다.[14] 경쟁과 지배를 우선하는 전략이 지질 시대를 왜곡하는 과학기술을 낳았다면, 돌봄을 기본 원칙으로 삼는 전략은 지구와 인류를 구출하는 과학기술을 만들 희망이다. 그런 과학기술이 어떻게 가능할지 일

---

12   Nina Lykke, "To be a Cyborg or a Goddess?," *Gender, Technology and Development* Vol.1 no.1(1997), pp.5~22.

13   Donna Haraway, Op. cit., p.199.

14   반다나 시바, 김박수연 옮김, 「지구와 여성이 중심이 되는 '에코페미니즘 세계'로 가자」, 《한겨레》, 2021년 1월 21일.

론 머스크는 아마 상상조차 할 수 없을 것이다. 지금 우리에게 필요한 사람은 괴짜 엔지니어가 아니라 에코페미니스트 엔지니어다.

엉망진창 내 삶에서
시작하는 과학기술

사람들은 추상적인 개념과 이론, 어려운 수식이라는 진입 장벽에 과학을 멀리한다. 복잡하고 어려운 과학, 내가 잘하지도 않는 과학을 좋아하기란 참 어렵다. 고등학교 때 문과와 이과로 나뉜 학생들은 대학 진학을 고민하면서, 대학 이후의 진로를 결정하면서 과학 성적을 기준으로 과학자라는 직업을 선택한다. 과학, 특히 물리학과 공학은 주로 남자가 잘 한다는 고정관념은 현실을 반영하는 것처럼 여겨진다. 그렇게 여성 과학기술인보다 남성 과학기술인이 훨씬 많은 현상은 당연한 일이 된다.

　과학기술 분야는 성별보다 능력이 우선시되어야 하므로 과학을 잘 못하는 사람은 과학자가 될 수 없다고들 말한다. 과학의 신화 속에서는 성별만이 아니라 인종, 연령, 계급, 장애 여부 등 그 어떤 개인의 차이도 능력 앞에서 무의미하다. 고등학교와 대학교에서 나보다 훨씬 과학을 잘하는 남학생들을 보았을 때 나 또한 그렇게 믿었다. 내가 과학자의 꿈을 포기한 것은 과학을 못하기 때문이라고.

나중에야 알았다. 세상에는 성 고정관념이 정말로 존재하고, 그 통념이 내게 영향을 주었다는 사실을. '와, 저런 사람이 과학자가 되어야 하는구나.'라고 여겼던 천재는 주로 남자 동료들이었다. 나와 비슷한 성과를 내는 소수의 여자 동료를 보면서는 '오, 쟤는 남자애들 못지않게 잘하네.'라고 생각했다. 내 편견이 유별난 것이 아니었다. 성 고정관념은 모두의 눈에 보이지는 않지만 여자에게, 특히 한때 과학자를 꿈꿨던 여자의 현실에 엄청난 영향력을 발휘한다. "여자가 무슨 공대냐."부터 "여자는 공대에 가면 체력이 달려서 힘들다." "공부를 아무리 잘한들 의사나 선생 돼서 좋은 남편 만나고 자식 낳는 게 제일이다."까지 다양한 버전으로 발화된 성 고정관념은 과학자가 되고 싶은 여학생들의 기를 꺾는다.[1] 그 결과가 바로 과학기술 분야

1   2017년 시작된 '이공계 내 성차별 아카이빙 프로젝트'는 실제

의 남녀 성비 격차다.

숫자가 감추는 사실

과학기술인의 성비 불균형은 여러 해에 걸친 통계
자료에서 뚜렷하게 드러나는 이공계의 현실이다.
2010년부터 10년간 남녀 과학기술인의 인력 현황
을 조사한 보고서는 2019년 이공계 학과에 입학
한 대학생 중 여성의 비율이 29.2퍼센트로, 70.8퍼
센트를 차지하는 남성의 절반도 못 미친다고 밝혔
다.[2] 애초부터 많지 않은 이공계 여성은 직급이 올
라갈수록 더 줄어든다. 대학 졸업 후 과학기술인의
진로를 밟아 관리자 직책까지 올라가는 여성의 비
율은 10.6퍼센트에 불과하다. 낡은 수도관에서 물
이 스멀스멀 새어 나가듯, 과학기술계에 발을 들인
여성들조차 오래 살아남지 못한다.

　또 하나의 문제는 29.2퍼센트라는 수치가 단
지 평균을 뜻할 뿐이라는 점이다. 대학 이공계 학

성차별 경험자의 제보를 익명으로 수집하고 열람할 수 있게 공
개 링크를 제공하고 있다.
2　한국 여성과학기술인 지원센터, 「2010~2019 남녀 과학기술 인
력 현황」(2020).

과를 자연과학 계열과 공학 계열로 나눌 때 두 계열에 속하는 여학생 비율은 각각 52.3퍼센트와 25.1퍼센트로 큰 차이를 보인다. 비교적 성비 균형을 이룬 듯 보이는 자연과학 계열과 달리 공학 계열은 여전히 4명 중 3명이 남학생이다. 자연과학 계열 안에서도 의상학과나 식품 영양학과처럼 여학생이 전체의 약 80퍼센트를 차지하는 전공이 있는 반면 물리학과는 그 비율이 27퍼센트, 공학 계열의 자동차공학과는 7퍼센트에 그친다. 이처럼 이공계 학과 여성 입학생 비율 평균치는 전공 사이의 격차를 숨기고 있다.

게다가 전공 간 격차는 시간이 지나도 나아지거나 변하지 않는다. 여학생 비율이 평균에 못 미치는 학과는 대체로 정해져 있다. 2012년에 여학생 비율이 30퍼센트가 안 되는 학과로 보고된 전공은 자연과학 계열의 물리학과, 공학 계열의 자동차 공학·기계 공학·전자 전기 공학·반도체 공학·건축 공학·정보 통신 공학·컴퓨터 공학 등으로, 이런 현상은 2019년 조사 결과에서도 그대로 반복되었다.

과학기술계의 성비 불균형 현상은 전 세계 어느 나라에서든 예외 없이 나타난다. 미국과 유럽을 비롯한 대부분 나라들은 과학기술계 인력을 수급하고 인재를 유치할 목적으로 여성 과학기술인을 육성하고 지원하는 정책을 펼친다. 한국 역시 2002년 관련 법률을 제정하고 2004년부터 꾸준히 여성 과학기술인 육성 및 지원 기본 계획을 시행했다. 정책의 목표는 더 많은 여성이 과학기술계에 유입되어 이탈 없이 경력을 유지하고 개발하도록 돕는 것이다.

여성을 대상으로 한 정책의 성공 여부는 여성 인력의 양적 성장으로 평가된다. 2000년대 초 10퍼센트대였던 과학기술연구개발인력의 고용 인원 중 여성 비율이 2019년 20.7퍼센트로 두 배 증가한 것은 정책의 분명한 성과다. 그러나 성과의 이면에는 자연과학 계열과 공학 계열의 성비 차이, 여학생이 다수인 전공과 남학생이 다수인 전공의 뚜렷한 구분이 여전하다. 공학 분야의 여성 인재를 양성하려는 별도의 사업을 추진해 왔음에도 그렇다.

능력주의자들의 입을
다물게 하는 결과

능력주의자들은 과학기술계야말로 능력이 가장 중요한 분야이므로 결국 '성별이 아니라 실력이 문제'

라고들 말한다. 압도적인 실력으로 유리 천장을 뚫은 소수의 여성 과학기술인을 사례로 드는 것이다. 실력만 좋으면 여자든 남자든 누구라도 과학자가 될 수 있다는 주장은 편견과 고정관념으로 과학자의 길을 단념하거나 힘겹게 과학자로 살아가는 많은 사람들을 못 본 체하는 말이다.

능력주의 신화는 모든 것을 개인의 능력으로 설명하면서 그 어떤 통계 앞에서도 결국 그 정도 비율의 여학생과 여성 과학기술인만이 동료 남학생과 남성 과학기술인에 견줄 능력을 갖췄다는 식으로 대꾸한다. 능력주의자들의 눈에 과학기술 여성 정책은 실력이 모자란 여학생을 과학기술계에 불러 모으려 정작 실력 있는 남학생을 억울하게 밀어내는 정책으로 여겨진다. 이 주장을 점검하려면 실증적인 연구가 필요하다.

2020년 국제 학술지《사이언스》에는 미국 고등학생 5960명의 학업 성취도와 진로 선택을 7년간 추적 조사한 조지프 심피안 뉴욕대 경제·교육 정책 교수 연구팀의 논문이 실렸다.[3] 미국 내에서

Cimpian, Joseph R., Taek H. Kim, & Zachary T. McDermott, "Understanding persistent gender gaps in STEM," *Science* Vol.368 no.6497(2020).

나가며   187

고질적으로 여학생 비율이 낮은 물리학·공학·컴퓨터 과학 전공의 성비 불균형 현상에 초점을 두고 참가자의 고등학교 수학 및 과학 학업 성취도와 대학 진학 시 전공 선택 간 상관관계를 살핀 방대한 연구다.

연구팀은 물리학과 공학 계열 전공을 택하는 남학생이 모두 관련 과목 학업 성취도가 좋은 것은 아니라는 사실을 발견했다. 이와 달리 여학생은 학업 성취도가 높은 학생이 주로 같은 전공을 택했다. 이러한 경향성은 수학과 과학 과목에서 100명 중 20등 위에 속한 성적 상위권 여학생과 90등에서 100등 사이에 속하는 최하위권 남학생이 같은 비율로 물리학 또는 공학 계열 전공을 선택했다는 사실에서 단적으로 드러난다. 똑똑한 여학생이 자신의 과학 실력을 의심하며 전공 선택을 고민하는 사이 남학생은 실제 성적이 매우 안 좋더라도 까다로운 이공계 전공을 선택한다. 또 상위 10퍼센트 이내인 최상위권에서 이 전공을 택하는 남녀 비율은 2 대 1 정도의 차이가 났지만, 하위 10퍼센트 이하 구간인 최하위권에서 물리학과 공학 계열로 진학하는 학생 수는 남학생이 여학생보다 열 배나 많았다.

여학생들은 처음부터 물리학·공학 전공을 희망했더라도 성적이 좋아야만 진학할 수 있다. 하지만 남학생들은 성적이 낮아도, 애초에 원하지 않았더라도 같은 전공을 선택한다. 그렇다면 물리학·공학 분야의 성비 불균형이 특히 심한 이유는 남학생이 여학생보다 능력이 뛰어나서가 아니라. 이 분야에 능력이 부족한 남학생이 지나치게 많이 들어오는 데서 찾아야 한다. 연구팀은 물리학·공학 계열 전공의 성비 불균형이 능력주의의 결과가 아니라 오히려 능력주의에 역행하는 현상이라고 결론 내린다.

놀랍게도 과학기술 분야에는 능력주의가 작동하지 않는다. 가히 능력주의 '신화'라는 명칭에 손색없다. 남학생은 능력이 어떻든 주위에서 항상 자신과 능력이 비슷한 동료와 선배를 만날 수 있기에 스스로를 의심하지 않는다. 반면 여학생은 뛰어난 실력으로 남성 동료들과의 경쟁을 이겨 낸 여성 롤모델에 압도되기 일쑤다. 이들은 자신의 능력을 끊임없이 입증하거나 능력이 부족한 자신을 탓하며 자신을 소모한다. 이러한 분위기가 지속되는 한 여성은 적절한 능력을 갖추어도 과학기술계 진입을 꺼릴 것이고 설사 진입했다고 해도 중도에 포기하게 될 것이다. 그렇게 여성이 떠난 자리를 그와 능력이 비슷하거나 모자란 남성들이 채운 것이 오랜 성비 불균형의 진짜 원인이다.

숫자는 중요하다. 과학기술계에서 여성이 소수자로 존재하는 한 여성 과학자는 과학자이기 이전에 여성으로 먼저 인지될 수밖에 없다. 나아가 남성 과학자가 과학기술의 생산을 독점하는 한 여성의 몸을 연구하는 과학, 페미니스트 과학, 다양성을 포용하는 과학 등은 시도되기 더 어려울 것이다. 뛰어난 여자들이 과학기술계에 진입하는 것만으로는 절대로 이 비율을 뒤집을 수 없다. 과학이 진정 변화하려면 잘하는 여학생이 아니라 평범한 여학생이 더 많이 필요하다.

모든 남성 과학자가 노벨상을 타는 것은 아니듯 여성 과학자라고 해서 모두 노벨상을 타야 하는 것은 아니다. 2007년 미국 국가 과학상을 수상한 핵물리학자 페이 에이젠버그셀러브는 이렇게 말했다. "하버드든 다른 어느 대학이든 이류밖에 안 되는 남자 교수가 많다. 나는 이류밖에 안 되는 여성 연구자가 대학 정년직을 받는 것을 봐야만 성차별이 없어졌다고 믿겠다." 과학기술계의 평등과 다양성은 평범한 여학생이 평범한 남학생만큼이나 과

학자가 되고 교수가 될 때 비로소 이루어졌다고 할
것이다.

내 삶의 과학기술과 연결되자

이 책을 읽는 독자들이 모두 이공계로 진로를 바꿀
수는 없을 것이다. 다만 과학자나 공학자가 되고
싶어 하는 여자 어린이와 청소년이 주변에 있다면
아낌없이 격려해 주길 바란다. 겁먹지 말라고 힘을
보태자. 누군가는 고정관념과 편견의 언어로 겁을
주고 있을 것이기에 당신이 그렇게 말해 주면 좋겠
다. 비슷한 전공 분야를 좋아하는 여학생들끼리 자
주 만나서 서로 지지하고 관심사를 공유하는 관계
를 도와주면 더 좋다. 그리고 "실력만 있으면 여자
라고 못할 게 없지." 같은 말 대신 "지금까지 공부
를 그럭저럭 적당히 한 남학생도 과학자가 되어 과
학계의 80퍼센트에 속해 있어."라는 말을 꼭 덧붙
여 주면 좋겠다. 물론 진로를 탐색 중인 독자에게
는 이공계 전공을 강력하게 권한다. 우리의 삶과
사회를 실질적으로 변화시킬 수 있는 인공물을 만
들고 지식을 생산하는 매력적인 분야다. 당신이 세
계 제일의 과학자가 되지는 못한다 해도 과학을 더

다양하고 더 유용하게 만드는 데에 보탬이 될 수 있을 것이다.

　과학 지식을 과학자 마음대로 바꿀 수 있는 것은 아니다. 여성 과학자라고 해서, 페미니스트 과학자라고 해서 전례 없는 연구를 단번에 해낼 수는 없다. 과학자의 실험실에는 자연도 있지만 도구도 있다. 과학에 객관성이라고 부를 수 있는 것이 있다면 이는 인간이 온전히 예측하거나 통제할 수 없는 자연과 사물의 힘 때문이지 천재 과학자 때문은 아니다. 과학자는 인간의 언어를 쓰지 않는 존재를 이해하고 그들과 소통해서 그들을 필요에 따라 동원하기 위해 오랜 시간 훈련받는다. 과학자만큼 자연과 사물의 언어를 습득하지 않은 이들에게 과학이 어려운 것은 사실 당연하다. 그럼에도 과학은 자연과 사물을 이해하고 그것들과 소통하며 조작할 수 있는 가장 믿을 만한 지식이다.

　특정 분야의 과학자가 되지 않는다면 광대한 과학기술의 세계를 어디에서부터 탐색해 나가야 할까? 나는 과학기술에 대한 관심이 '아이 같은 순진무구한 호기심'에서만 출발하지 않는다고 생각한다. 우리는 자연과 사물이 나의 몸, 나의 삶과 복잡하게 얽혀 있음을 인지하는 어른의 때 묻은 현실 감각에서 시작해야 한다. 이 책에서 함께 보았듯 과학기술에 대한 이해는 자연과 사물의 세계와 나의 연결 지점에 뿌리내리고 있다. 저마다 출발점은 난자 냉동에 관한 고민일 수도 있고 고등학교를 졸업하자마자 받았던 쌍꺼풀 수술일 수도 있으며 화장품 광고만 띄우는 SNS일 수도 있다. 그야말로 엉망진창인 나의 삶에서부터 시작하는 과학기술이다.

여성이 과학기술과 맺는 다양한 관계와 경험에 대한 분석은 페미니즘과 과학기술 둘 다에 속한다. 우울한 여자들에게 항우울제를 팔아 돈방석에 앉은 제약 회사를 비판만 하고 있을 수는 없다. 젊은 여자들이 우울증으로 생을 마감하거나 고통스럽게 살아가는 것을 슬퍼하고만 있을 수도 없다. 미의 기준이란 사회적으로 만들어지고 인종주의와 가부장제 이데올로기에 찌든 것이기도 하지만 성형 수술을 하는 사람들은 현실에 무척 많다. 있는 그대로의 자신을 사랑하는 것도 비현실적이고, 성형 수술로 원하는 정체성을 다 가질 수 있다는 것도 비현실적이다. 항우울제가 바꾸는 몸, 성형 수술이 바꾸는 몸에 대해 말할 언어가 필요하다.

신비롭지 않아야 할 것은 여자만이 아니다. 과

학 역시 신화에서 벗어나야 한다. 과학 지식은 그 지식을 만드는 인간과는 무관한 객관적이고 가치중립적인 결과물로 보인다. 엉망진창의 몸과 삶과는 멀리 떨어져 순수하고 심오한 세계에 속한 무언가 같다. 그러나 이 책에서 보여 준 것처럼 과학 역시 엉망진창이고 현실의 과학자 역시 고군분투 중이다. 페미니즘과 과학기술학이 과학을 덮었던 신비의 베일을 걷어 냈으니 이제 현실의 과학을 함께 살피고 돌볼 차례다. 과학이 모든 지식의 꼭대기에 있다거나 사회의 모든 문제를 해결해 줄 수 있다는 믿음인 과학주의·과학만능주의는 과학이 신화화되었을 때 작동한다. 신비의 베일을 벗은 과학에는 그런 믿음이 통하지 않는다. 생물학이 모든 것을 결정한다고 보는 결정론적 시각이나 생물학에서 인간의 본질을 찾는 본질주의도 마찬가지다.

더 이상 신비롭지 않은 과학과 여성이 만나면 어떤 일이 일어날까? 새로운 과학의 탄생? 새로운 여성의 등장? 최소한 지금의 페미니즘과 지금의 과학과는 다르겠지만 아직 손에 확실히 잡히지 않는다. 그래서 다시 두려워지고 조급해진다. 그럴 때마다 떠올리는 일화가 있다. 페미니스트 과학학자 세라 프랭클린이 실험실 현장 연구를 하면서 현미경으로 세포핵을 관찰하면서 겪었던 일이다.

초심자에게는 현미경으로 세포핵을 보는 아주 간단한 일조차 쉽지 않다. 눈이 있다고 볼 수 있는 것은 아니다. 본다는 것은 보는 방법을 배우는 것이고 배움에는 실패와 반복이 동반된다. 프랭클린은 수없는 시도 끝에 마침내 현미경 너머 세포핵을 볼 수 있게 되었다. 그 모습은 그가 보려고 애썼던, 기대하고 상상했던 모습과 완전히 달랐다. 당연하고 익숙한 방식으로는 새로운 것을 볼 수 없다. 세포핵이 그의 눈앞에 모습을 드러내기까지 프랭클린은 비슷하고도 다른 행동을 수없이 반복하며 실수를 통해 기대를 갱신해 나갔다. 자연과 사물 그리고 그것들과 얽혀 있는 우리의 몸과 삶도 그럴 것이다.

이 연결과 얽힘, 이 엉망진창의 현실은 페미니즘이나 과학기술이 늘 해 온 방식으로는 제대로 볼 수 없다. 무수한 실패를 반복해야 비로소 볼 수 있고 말할 수 있을지 모른다. 이 책은 그 시도가 이미 시작되었다는 분명한 사실을 여러분에게 전한다. 천재 과학자보다는 조신하지 않고 신비롭지 않은 여자들이 일을 해낼 가능성이 크다. 과학의 안팎에서 여자들이 과학을 친구로 삼는 놀이와 문화, 정치를 갖게 된다면 자연과 사물이 어떤 새로운 모습을 보일지 기대감에 가슴이 두근거린다.

감사의 말

이 책은《한겨레》에 2020년 7월부터 2021년 6월까지 1년 동안 연재한 '여성, 과학과 만나다' 14편의 글에서 시작되었다. 페미니즘과 과학이라는 주제에 신문 한 면을 다 내주는 경우는 무척 드물 것이다. 연재를 기획한 이유진 기자와 김진철 기자에게 가장 먼저 감사 인사를 전한다. 특히 이유진 기자는 글의 제목과 지면 구성을 함께 고민하며 신입 필자를 힘껏 응원해 주었다.

    여성과 과학을 주제로 연구하던 나에게 책을 내자고 이감문해력연구소에서 제안해 준 장은수 대표와 맹미선 편집자에게 감사드린다. 이전에도 몇몇 출판사에서 단행본 제안을 받았지만 그때마다 스스로 준비가 되어 있지 않다고 생각했다. 맹미선 편집자와의 끈끈한 인연도 이때부터 시작되었는데, 그는 최소한 수년 후에나 고민할 문제로 집필을 줄곧 미루던 나의 멱살을 잡아끌어 주었다. 편집자에 대한 나의 신뢰와 애정은 연재글 한 편 한 편을 놓고 씨름하던 시간들을 거쳐 더욱 단단해졌다. 신지영 편집장은 대중 지면에 익숙하지 않아 의식의 흐름만을 담았던 초고를 독자의 눈높이에 맞추어 다시 잡아 주었다. 노고에 감사드린다.

『신비롭지 않은 여자들』은 민음사에서 야심 차게 기획한 '탐구' 시리즈의 네 번째 책이다. 젊은 국내 연구자와 필진을 발굴해 동시대와 함께 호흡하는 학술 담론 총서가 독특한 미감과 물성으로 구현되었다. 매우 촉박한 일정에도 신새벽 편집자는 책의 완성도를 높이기 위해 마지막까지 애썼고 유진아 디자이너는 상상도 못한 파격적인 표지를 선사했다. 책의 표지를 처음 보고 놀란 심정이 아직도 생생하다. 이 책의 시작과 끝을 함께한 맹미선 편집자에 대한 감사는 어떻게 해도 다 전하기 힘들다. 모든 문장에 그의 손길이 닿지 않은 곳이 없다. 내가 과학기술학 연구자로서 품고 있던 문제의식을 글로 전달하도록 때로는 냉철한 편집자로, 때로는 열렬한 독자로 곁에 있어 주었다.

귀한 추천사를 보내 주신 두 분에게 진심 어린 감사를 보낸다. 세계적인 과학철학자인 장하석 영국 케임브리지대 교수는 내가 먼발치에서 존경해 온 연구자다. 다원성을 경축하자, 실재로부터 배우자고 내가 '선언'으로나 할 수 있는 이야기를 그는 과학사와 과학철학을 넘나드는 언어, 저항할 수 없는 논리로 단단하게 펼쳐 낸다. 나 역시 다원주의와 실재주의를 강력하게 지지함을 밝힌다. 김초엽 작가는 과학기술에 대한 새로운 서사를 써 나가고 있다. 그를 보며 나는 40대 이상의 남성 독자가 주요한 과학책 시장에 20~30대 여성이 즐길 수 있는 과학책도 한 권쯤 있어야 한다는 꿈과 희망을 품게 되었다.

페미니즘 과학기술학 연구자의 궤적에 함께한 두 분의 이름을 특히 언급하고 싶다. 「사이보그 선언문」을 쓴 도나 해러웨이 교수는 여성, 페미니즘, 과학이라는 세 키워드로 나를 페미니스트 과학기술학의 세계에 초대했다. 출간을 앞두고 보내 준 그의 응원의 말은 큰 힘이 되었다. 페미니스트 과학기술학자 캐리스 톰슨 교수는 갓 박사학위를 받은 나를 영국 런던정치경제대학 사회학과의 박사후연구원으로 불러 주었다. 그의 연구에서 나는 페미니즘과 과학기술학의 접점에서 불가피하게 겪게 되는 불안을 연구 자원으로 삼는 법을 배웠다. 학문적으로나 개인적으로나 도전적인 삶을 살고 있는 그에게 비결을 묻자 '타협'이라는 한마디가 돌아왔다. 그때부터 타협은 내 인생 전략이 되었다. 이 책 역시 수많은 타협을 거친 끝에 세상에 나올 수 있었다.

이 책을 이루는 핵심 아이디어는 내 삶 곳곳에 오랜 시간 흔적을 남겼다. 서울대 과학기술학 연계전공의 '과학기술과 젠더' 수업에서 만난 열정과 능력이 가득한 학생들, 특히 나의 공동 연구자이기도 한 김도연, 장민제, 신인호, 윤수민에게 감사의 말을 전한다. 지도 교수인 서울대 과학학과 홍성욱 교수 덕분에 나는 과학기술학 연구자가 될 수 있었고 애정을 쏟아부어 수업을 꾸릴 수 있었다. 또 다른 흔적은 2018년부터 2년 동안 진행한 한국연구재단의 '과학기술과 젠더의 공동생산에 기반한 과학기술 분야 여성인재양성' 과제에도 있다. 숙명여자대학교 글로벌거버넌스연구소의 최동주 교수, 한유진 교수는 항상 나를 격려하고 배려해 주었다.

원고를 집필하면서 가장 먼저 떠올린 독자는 내 주변 여자들이다. 내가 여성 연구자로서 각성한 바로 그 시기에 대학원 후배이자 제자인 김민아와 백가을이 함께 있었다. 전도유망한 논픽션 작가 하미나로 우뚝 선 김민아와 디지털 성폭력 연구활동가이자 페미니스트 잡지《래디쉬》편집장으로 큰 역할을 하는 백가을. 둘의 무한한 신뢰와 연대에 나는 늘 감동한다. 든든한 후배 조희수, 강미량까지 함께 모인 과학기술여성연구그룹은 참 고맙고 애틋하다. 2021년 출간한 책『겸손한 목격자들』을 함께 쓴 김연화, 성한아, 장하원의 이름을 불러 본다. 이 능력 있는 과학기술학 연구자들과 최신 학계 이슈, 이공계 현장 이야기, 학계 여성의 기쁨과 슬픔을 나누는 시간은 나에게 인생의 낙이자 연구의 자양분이다. 함께 버티고 함께 성장하는 행복을 알게 해 준 세 사람에게 사랑을 보낸다.

대미를 장식할 우리 가족들. 언제나 역동적인 에너지와 사랑을 보내 주는 딸 권유하와 남편 권혁에게 감사하다. 부족하나마 이 책은 지금까지 딸과 며느리가 하는 일을 전폭적으로 지지하며 실질적인 도움을 준 양가 부모님 조은래, 류관순, 권병준, 임종해에게 바친다.

『신비롭지 않은 여자들』은 과학과 친숙하지 않은 독자를 위한 책인 한편 각자의 분야에서 사회와 인간을 고민하는 과학기술인 독자를 위한 책이기도 하다. 페미니즘과 여성, 과학의 접점에는 나와 같은 과학기술학자만 있지 않다. 현장에는 더 많은 페미니스트와 여성 과학자·공학자·의료인·개발자들이 있다. 새로운 지식과 실천을 만들고 기술을 혁신할 주인공들이다. 과학기술 안에 이미 페미니즘과 여성이 있음을 잊지 않게 한 과학기술인들, 특히 과학기술 분야에서 여전히 소수자인 여성 과학기술인에게 존경과 감사를 보낸다. 이 책이 과학기술 안팎의 여성들 그리고 과학기술의 다양성 문제에 관심이 있는 모두를 연결하는 일에 기여하기를 바란다.

참고 문헌

김덕호, 『세탁기의 배신』(뿌리와이파리, 2020).

김연화·성한아·임소연·장하원, 『겸손한 목격자들』(에디토리얼, 2021).

김초엽·김원영, 『사이보그가 되다』(사계절, 2021).

김환석 외, 『21세기 사상의 최전선』(이성과감성, 2020).

네사 캐리, 『유전자는 네가 한 일을 알고 있다』(해나무, 2015).

다프나 조엘·루바 비칸스키, 김혜림 옮김, 『젠더 모자이크』(한빛비즈, 2021).

더 케어 컬렉티브, 『돌봄선언』(니케북스, 2021).

도나 해러웨이, 황희선 옮김, 『해러웨이 선언문』(책세상, 2019).

라나 엘 칼리우비·캐롤 콜먼, 최영열 옮김, 『걸 디코디드』(문학수첩, 2021).

랜디 허터 엡스타인, 양병찬 옮김, 『크레이지 호르몬』(동녘사이언스, 2019).

로빈 월 키머러, 노승영 옮김, 『향모를 땋으며』(에이도스, 2020).

로지 브라이도티, 김은주 옮김, 『변신』(꿈꾼문고, 2020).

_____, 이경란 옮김, 『포스트휴먼』(아카넷, 2015).

론다 쉬빈저, 김혜련 옮김, 『젠더분석: 과학과 기술을 바꾼다』
(연세대학교출판부, 2010).

_____, 조성숙 옮김, 『두뇌는 평등하다』(서해문집, 2007).

마리아 미스·반다나 시바, 손덕수·이난아 옮김, 『에코페미니
즘』(창비, 2020).

마리 힉스, 권혜정 옮김, 『계획된 불평등』(이김, 2019).

마리 루티, 김명주 옮김, 『나는 과학이 말하는 성차별이 불편합
니다』(동녘사이언스, 2017).

마티 헤이즐턴, 변용란 옮김, 『호르몬 찬가』(사이언스북스,
2022).

막달리나 허기타이, 한국여성과총 교육출판위원회 옮김, 『내가
만난 여성과학자들』(해나무, 2019).

매러디스 브루서드, 고현석 옮김, 『페미니즘 인공지능』(이음,
2019).

메리 앤 메이슨·니컬러스 H. 울핑거·마크 굴든, 안희경 옮김,
『아이는 얼마나 중요한가』(시공사, 2022).

문성실, 『사이언스 고즈 온』(알마, 2021).

버지니아 헤이슨·테리 오어, 김미선 옮김, 『포유류의 번식 암컷
관점』(뿌리와이파리, 2021).

사라 매케이, 김소정 옮김, 『여자, 뇌, 호르몬』(갈매나무, 2020).

사피야 우모자 노블, 노윤기 옮김, 『구글은 어떻게 여성을 차별
하는가』(한스미디어, 2019).

샤론 모알렘, 이규원 옮김, 『우리의 더 나은 반쪽』(지식의 날개,
2020).

세라 블래퍼 허디, 유지현 옮김, 『어머니, 그리고 다른 사람들』
(에이도스, 2021).

_____, 황희선 옮김, 『어머니의 탄생』(사이언스북스, 2010).

스티브 존스, 이충호 옮김, 『자연의 유일한 실수 남자』(예지, 2003).

시몬 드 보부아르, 이정순 옮김, 『제2의 성』(을유문화사, 2021).

아네마리 몰, 송은주·임소연 옮김, 『바디멀티플: 의료실천에서의 존재론』(그린비, 2022).

오조영란·홍성욱 엮음, 『남성의 과학을 넘어서』(창비, 1999).

웬다 트레바탄, 박한선 옮김, 『여성의 진화: 몸, 생애사 그리고 건강』(에이도스, 2017).

이블린 폭스 켈러, 이현주 옮김, 『과학과 젠더』(동문선, 1996).

_____, 김재희 옮김, 『유기체와의 교감』(서연비람, 2018).

이유경, 『엄마는 북극 출장 중』(에코리브르, 2019).

임소연, 「과학기술은 왜 더 많은 여성을 필요로 하는가」, 『다름과 어울림』(동아시아, 2021).

_____, 「몸의 물질성: 도나 해러웨이의 사이보그 다시 읽기」, 『몸의 철학』(문화과학사, 2021).

_____, 「신유물론과 페미니즘, 그리고 과학기술학: 접점과 접점의 접점에서」, 『문화/과학 107호』(필로소픽, 2021).

_____, 『과학기술의 시대 사이보그로 살아가기』(생각의힘, 2014).

제임스 러브록, 홍욱희 옮김, 『가이아』(갈라파고스, 2004).

조주현, 『벌거벗은 생명: 신자유주의 시대의 생명 정치와 페미니즘』(또하나의문화, 2009).

최영은, 『탄생의 과학』(웅진지식하우스, 2019).

캐럴라인 크리아도 페레스, 황가한 옮김, 『보이지 않는 여자들』(웅진지식하우스, 2020).

캐롤린 머천트, 전규찬·이윤숙·전유경 옮김, 『자연의 죽음』

(미토, 2005).

코델리아 파인, 한지원 옮김, 『테스토스테론렉스』(딜라일라북스, 2018).

클라우디아 골딘, 김승진 옮김, 『커리어 그리고 가정』(생각의힘, 2021).

클레어 L. 에반스, 조은영, 『세상을 연결한 여성들』(해나무, 2020).

하미나, 『미쳐있고 괴상하며 오만하고 똑똑한 여자들』(동아시아, 2021).

Charis Tompson, *Making Parents*(MIT Press, 2005).

Deboleena Roy, *Molecular Feminisms*(University of Wachington Press, 2018).

Donna Haraway, *Simians, Cyborgs and Women: The Reinvention of Nature*(New York: Routledge, 1991).

Elizabeth A. Wilson, *Gut Feminism*(Duke University Press, 2015).

Heather Ellis, *Masculinity and Science in Britain, 1831~1918*(Palgrave Macmillan, 2017).

Jane Margolis & Allan Fisher, *Unlocking the Clubhouse: Women in Computing*(MIT Press, 2003).

Judith Butler, *Gender Trouble: Feminism and the Subversion of Identity*(New York: Routledge, 1990); 주디스 버틀러, 조현준 옮김, 『젠더 트러블』(문학동네, 2008).

Kathleen Richardson, *An Anthropology of Robots and AI: Annihilation Anxiety and Machines*(New York: Routledge, 2015).

Karen Barad, *Meeting the Universe Halfway*(Duke university Press, 2007).

Knut H. Sørensen, Wendy Faulkner, & Els Rommes, *Technologies of Inclusion: Gender in the Information Society*(Tapir Academic Press, 2011).

Lara Stevens, Peta Tait, & Denise Varney (eds.), *Feminist Ecologies: Changing Environments in the Anthropocene* (Springer, 2017).

Laura Micheletti Puaca, *Searching for Scientific Womanpower: Technocratic Feminism and the Politics of National Security, 1940~1980*(University of North Carolina Press, 2014).

Londa Schiebinger, *Has Feminism Changed Science?*(Harvard University, 2001).

Sandra G. Harding, *Whose Science? Whose Knowledge?* (Cornell University Press, 1991); 샌드라 하딩, 조주현 옮김, 『누구의 과학이며 누구의 지식인가』(나남출판, 2009).

_____, *The Science Question in Feminism*(Cornell University Press, 1986); 샌드라 하딩, 이박혜경·이재경 옮김, 『페미니즘과 과학』(이화여자대학교출판문화원, 2002).

Sarah S. Richardson, *Sex Itself: The Search for Male and Female in the Human Genome*(Illinois: University of Chicago Press, 2013).

Stacy Alaimo & Susan Hekman (eds.), *Material Feminisms* (Indiana University Press, 2008).

신비롭지 않은 여자들
여성과 과학 탐구

1판 1쇄 펴냄 2022년 6월 1일
1판 6쇄 펴냄 2023년 6월 20일

지은이 임소연
발행인 박근섭, 박상준
펴낸곳 ㈜민음사

출판등록 1966. 5. 19. (제 16-490호)
서울특별시 강남구 도산대로1길 62(신사동)
강남출판문화센터 5층(우편번호 06027)
대표전화 02-515-2000
팩시밀리 02-515-2007
www.minumsa.com

ⓒ 임소연, 2022. Printed in Seoul, Korea

978-89-374-9207-5 04300
978-89-374-9200-6 세트